Para
Entrenar
a un
Niño

por
Michael y Debi Pearl

Quinta tiraje: July 2019

ISBN: 978-1892112170

Todas las citas de las Escrituras están tomadas de la Biblia Reina Valera 1960.

Esta publicación está diseñada para proporcionar información precisa y acreditada en relación con el tema cubierto. Se vende en el entendido de que el autor o el editor no se ocupan de prestar ningún tipo de servicios profesionales. Si se requiere la asistencia de un experto, se deben buscar los servicios de un profesional competente.

Para entrenar a un niño se puede comprar con descuentos de cantidad especiales para iglesias, programas de donantes, recaudación de fondos, clubes de libros o con fines educativos para iglesias, congregaciones, escuelas y universidades. Están disponibles derechos y licencias en otros idiomas y oportunidades de ventas internacionales. Para más información contactar:

No Greater Joy Ministries, Inc.
1000 Pearl Road
Pleasantville TN 37033
866-292-9936
ngj@nogreaterjoy.org

Impreso en los Estados Unidos.
Editores: No Greater Joy Ministries, Inc.
www.nogreaterjoy.org

Introduccion

Este no es un libro sobre disciplina ni sobre hijos problemáticos. Se pone énfasis sobre el entrenamiento que el niño debe recibir antes de que se presente la necesidad de disciplinar. Es evidente que, aunque esperan obediencia, la mayoría de los padres nunca intentan entrenar a su hijo para que obedezca. Esperan hasta que su conducta se vuelve intolerable y luego estallan. Si se da el entrenamiento apropiado, la disciplina puede reducirse al 5% de lo que muchos actualmente practican. Conforme llegues a entender la diferencia entre entrenamiento y disciplina, adquirirás una nueva visión para tu familia—sin gritos, sin pleitos, sin malas actitudes, con menos nalgadas, habrá un ambiente alegre en el hogar y tus hijos serán completamente obedientes.

Cualquier padre o madre con un nivel de madurez emocional superior al de un joven de trece años, con una visión correcta y el conocimiento de la técnica, puede criar hijos felices y obedientes. Esto no es una teoría; es una realidad práctica que ha sido aplicada con éxito vez tras vez.

Una pareja que conocemos estaba abrumada por el conflicto de sus tres hijos pequeños. Después de pasar un fin de semana con nosotros, escuchando algunos de estos principios, cambiaron sus tácticas. Una semana después exclamaron: "No lo podemos creer; fuimos a casa de unos amigos y cuando les pedimos a nuestros hijos que hicieran algo, obedecieron de inmediato y sin objeción."

Estas verdades no son descubrimientos nuevos y profundos procedentes del mundo de la investigación profesional, sino más bien los mismos principios que usan los mennonitas para entrenar sus tercas mulas; la misma técnica que utiliza Dios para entrenar a sus hijos. Son profundamente sencillos y extremadamente obvios. Después de examinarlos con nosotros, dirás: "Yo ya sabía esto. ¿Cómo es posible que se me escapara?"

Es tan obvio."Este libro no hubiera sido posible sin los muchos amigos quienes irreflexivamente y sin saberlo en el momento, contribuyeron con los abundantes ejemplos contenidos en estas páginas. Jamás se imaginaron que su manera de ejercer su función de padres estaba siendo estudiada y documentada.

A todos los niños que se llaman Juanito, les pido una disculpa. Era preciso usar algún nombre para dejar en el anonimato a todos los demás.

Aun cuando la mayor parte del texto lleva el nombre de Michael, y una porción menor el de Debi, no obstante, Debi jugó un papel constante como crítica y editora. Muchas de las ideas creativas fueron de ella. Sin ella yo no hubiera podido tener éxito como padre, ni escribir este pequeño libro sobre el tema.

Esta edición en español va con el deseo de que estas lecciones que han gozado de tan amplia acogida por los lectores norteamericanos, puedan llegar a bendecir también a la comunidad de habla hispana.

Nuestros hijos ahora son adultos. Rebekah se ha casado. Los otros cuatro siguen aferrados al hogar, formándose para que les rasquemos la espalda o les demos de comer. Todo va cada vez mejor. Lo único que nos falta son los nietos. Actualmente Rebekah es nuestra única esperanza en ese sentido.

Michael y Debi Pearl

Contenido

Instruye al niño
en el camino que debe andar; y
aun cuando fuere viejo no
se apartará de él.

Proverbios 22:6

CAPÍTULO 1

Para Entrenar a Un Niño

PÉGALE A TU HIJO

Cuando les dices a algunos padres que es necesario que les peguen a sus hijos, contestan: "Les pegaría si hubiera un pegamento suficientemente fuerte." Yo he tenido en mi casa niños capaces de provocarle un colapso nervioso a un molino de trigo eléctrico. Sus padres parecían prófugos de algún vagón de ferrocarril polaco de la Segunda Guerra mundial. Una hora más con esos niños y yo hubiera estado buscando vasectomías en oferta en la Sección Amarilla. Mientras nosotros intentábamos platicar los niños estaban continuamente entrando y saliendo, dando quejas de los abusos de los otros, rogando que ya se los llevaran o que los dejaran o que les dieran de comer, o exigiendo algún juguete que otro niño no quería soltar. La mamá tenía que pararse continuamente para rescatar algún objeto frágil. Dijo "No" seiscientas sesenta y seis veces en espacio de dos horas. Le pegó a cada niño dos o tres veces—generalmente con la mano y por encima del pañal. Aparte de causarle al niño una desviación de la columna vertebral, no parecía haber tenido ningún efecto.

Cuando hablamos de responder consistentemente ante toda transgresión con un azote (no un golpe de karate a la columna lumbar), lo único que pueden imaginar algunas madres es que van a maltratar aún más a los niños sin que surta ningún efecto. La única disciplina que conocen consiste en poner suficiente distancia entre ellos y los niños como para que les permita terminar la siguiente tarea. No albergan ninguna esperanza de conquistar la voluntad del muchacho. Sólo desean crear suficiente distracción para cumplir con su propia misión.

Otra madre llegó a mi casa con sus pequeños y se sentó a platicar. Les dijo a los hijos: "Váyanse a jugar y no molesten a Mamá a menos que necesiten algo." Durante las siguientes dos horas ni siquiera estábamos conscientes de la presencia de los niños—excepto cuando la pequeña entró diciendo: "Pipí,

Mamá." Jugaron muy bien juntos, resolvieron sus propios conflictos, y no esperaban que se les atendiera cuando una de las niñas se cayó del caballito mecedor y se hizo un chipote en la cabeza. No estuvieron entrando y saliendo—se les había dicho que no lo hicieran.

Esta madre nunca les pegó a sus hijos mientras estuvo en mi casa ni tampoco hubo necesidad de que los reprendiera. Se le veía descansada. Cuando les llamó a los niños para irse a casa, uno de ellos preguntó: "Mamá, ¿Puedo quedarme para jugar con Shoshanna?" Mamá contestó: "No, hoy no. Tenemos trabajo en la casa." Levantó los brazos y su mamá lo recogió. Echando los brazos alrededor del cuello de su mamá dijo: "Te amo, Mamá."

Esta madre joven me dijo: "Mis hijos desean agradarme. Se esfuerzan tanto por hacer todo lo que les ordeno. Nos deleitamos tanto juntos." Ella espera tener más hijos. Son el gozo de su vida.

Por la gracia de Dios, y mediante los principios bíblicos sencillos que se encuentran en estas páginas, con determinación y un corazón abierto, esta madre ha criado hijos que le han dado gozo y honra.

ENTRENAMIENTO EN OBEDIENCIA

El entrenamiento no necesariamente requiere que el entrenado sea capaz de razonar; incluso se puede entrenar a ratones y ratas para que respondan a determinados estímulos. El entrenamiento meticuloso puede lograr que un perro llegue a ser perfectamente obediente. Si un perro lazarillo puede ser entrenado para conducir confiablemente a un ciego entre los obstáculos en la calle de una ciudad, ¿no deben los padres esperar mucho más de un niño inteligente? Se puede entrenar a un perro para que no toque un bocado codiciable que se ha colocado frente a él. ¿No se podrá entrenar a un niño para que no toque? Se puede entrenar a un perro para que venga, se siente, esté quieto, se calle o traiga un objeto, según la orden. Quizá no hayas entrenado tan bien a tu perro, sin embargo, todos los días hay quien lo logra con los canes más tontos. Hasta un torpe adolescente puede ser entrenado como entrenador eficaz en una escuela de obediencia para perros.

Si esperas hasta que tu perro manifieste una conducta inaceptable antes de reprenderlo (o patearlo), tendrás un can intimidado que andará siempre con la cola entre las patas, buscando qué maldad puede hacer antes de que le vuelvan a gritar. Cuando falta el entrenamiento, es tan inútil regañar y azotar a un niño para conseguir una conducta aceptable como lo sería con el perro. Ninguna cantidad de disciplina puede compensar la falta de entrenamiento.

El entrenamiento adecuado siempre funciona en todos los niños. Ser negligente con el entrenamiento es crear circunstancias lamentables para ti y para tu hijo. Muchos por ignorancia han omitido el entrenamiento, esperando que la disciplina por sí sola produzca una conducta correcta. No ha dado resultado.

"¡AAAAAATENCIÓN!

Cuando los jóvenes testarudos se alistan en el ejército, lo primero que se les enseña es a estar firmes sin moverse. Todas esas horas de marcha en formación están diseñadas para enseñar y reforzar la sumisión de la voluntad. "¡Atención!" —que se pronuncia: "¡AAAAAATENCIÓN!"— es la primera orden de todas las maniobras. Imagina qué alivio si pudieras conseguir la atención concentrada y absoluta de todos tus hijos con una sola orden. El sargento puede dar la orden de estar firmes y luego ignorarlos sin más explicación, y permanecerán rígidos en esa posición hasta desmayar. Las maniobras: "Flanco derecho, Flanco izquierdo, Pelotón—Alto" no tienen ningún valor en la guerra sino como medio para condicionar a los hombres para una obediencia instantánea e incondicional.

Como en el ejército, todas las maniobras en el hogar comienzan con un llamado a la atención. El 75% de todos los problemas de disciplina en el hogar se resolverían si pudieras conseguir instantáneamente la atención silenciosa de tu hijo. "MEDIA VUELTA—¡YA!," traducido al idioma de la familia sería: "Sal del cuarto," o "Vete a dormir." Sin más, darían media vuelta y saldrían. Esto es normal en la familia bien entrenada.

"OOOOH, CABALLO"

Nosotros vivimos en una comunidad que usa caballos y carruajes, donde siempre hay alguien adiestrando a un caballo nuevo. Cuando uno se sube a un carruaje para transitar en una carretera angosta y sinuosa, por la que circulan camiones pesados, es imprescindible contar con un caballo totalmente sumiso. No te puedes atener a obligarlo a obedecer a latigazos. Basta un error para llevar a la muerte a toda una familia.

Lo primero que se le enseña al caballo es a estar quieto y dejarse sujetar. No debe temer al freno ni al arnés. Debe permanecer quieto mientras trece niños pasan frente a las ruedas de acero para subir al carruaje. Cuando se detiene junto a la carretera para esperar que se despeje el tráfico, no debe ejercer su propia voluntad para atravesarse al paso de un veloz camión de 40 toneladas.

El entrenamiento del caballo lo prepara para responder correctamente ante todas las situaciones que pudiera llegar a enfrentar. Este entrenamiento se realiza en un ambiente controlado donde se crean circunstancias que prueben y condicionen las respuestas del caballo. Esto se logra, haciéndolo practicar diversas maniobras. Para enseñarlo a detenerse, al tiempo que se sostiene el freno y guía al caballo, se le dice: "Ooooh," y se le detiene. Puesto que se le tiene sujetado por el freno, tiene que detenerse. Después de pocos minutos el caballo se detendrá con la sola orden.

El entrenador determina el tono de voz al cual el caballo responderá. Si hablas en un tono normal, el caballo obedecerá. Si le gritas "¡OOOOH!" entonces en el futuro el caballo no se detendrá a menos que la orden le sea gritada de la misma manera. Un granjero entrenó así a sus caballos con gritos salvajes y furiosos. La mayoría de sus vecinos, quienes hablan suavemente a sus propios caballos, encontraban gran dificultad para controlar los del vecino, pues encuentran difícil pegar tales gritos.

SÓLO HÁBLAME

Yo estaba arrastrando troncos con una mula de 700 kilos que a veces quería salir corriendo con todo y tronco. En momentos de tensión (la realidad es que me moría de pánico), me ponía a GRITAR las órdenes desesperadamente. El dueño me aconsejaba pacientemente: "Háblale con calma y sin gritos o no te va a hacer caso." Jamás dominé el arte de decirle "Oooh" calmadamente a una mula desbocada que arrastra un tronco de roble blanco de ocho metros, con mi pie atorado en la cadena del tirante. El punto que hay que recordar es que el animal aprende a identificar, no solamente el sonido, sino también el tono de voz.

Si alzas la voz al darle una orden a tu hijo, él aprenderá a asociar tu tono de voz y la intensidad con tu intención. Si lo has entrenado para que responda a un rugido, no lo culpes si ignora tus primeras trece "sugerencias" mientras espera el tono frenético que él interpreta como una verdadera orden.

INSTRUIR, NO DISCIPLINAR

"Instruye al niño en su camino, y aun cuando fuere viejo no se apartará de él (Proverbios 22:6)." Instruir con entrenamiento, no golpes. Instruir con entrenamiento, no disciplina. Instruir con entrenamiento, no educación. Instruir con entrenamiento, no "afirmaciones positivas." El entrenamiento es el elemento más frecuentemente omitido en la crianza de los hijos. El niño necesita más que "entrenamiento en obediencia," pero sin esto la disciplina será insuficiente.

Los padres no deben esperar para iniciar el entrenamiento hasta que la conducta del hijo se vuelva inaceptable. Eso sería disciplinar. Entrenamiento no es disciplina. Disciplina es parte del entrenamiento, pero es insuficiente por sí sola para producir una conducta correcta. Entrenar es acondicionar la mente del niño antes de que surja la crisis. Es preparación para una futura obediencia instantánea y sin cuestionar. El atleta se entrena antes de competir. Los animales, incluso los salvajes, son adiestrados para responder a las órdenes de la voz del entrenador.

La frustración que experimentan los padres se debe a que no dan entrenamiento. Su problema no es que tengan hijos "malos," sino entrenamiento malo. Los "obstinados," los hiperactivos, los altamente inteligentes, y los que fácilmente se aburren, todos necesitan entrenamiento, y el entrenamiento es efectivo en todos los casos.

Hay que entender que aquí no estamos hablando de producir niños piadosos, sino sencillamente niños felices y obedientes. Los principios para entrenar a los niños pequeños para que obedezcan instantáneamente se pueden aplicar por cristianos y por no cristianos. Conforme crecen los niños, el carácter y la enseñanza del entrenador va jugando un papel más importante.

ENTRENAR PARA NO TOCAR

El entrenamiento de un niño puede traer gran satisfacción. Es fácil, sin embargo representa un reto. Cuando mis hijos comenzaron a gatear (en el caso de uno de ellos, rodar) de un lugar a otro, inicié con sesiones de entrenamiento.

Inténtalo tú mismo. Coloca un objeto atractivo a su alcance, quizá en un "rincón prohibido" o en una mesa de centro. Cuando lo vea y se lance sobre él, di en voz calmada: "No, no toques eso." Como ya conoce la palabra "No," se detendrá por un momento, te mirará con asombro, luego se dará la vuelta y tomará el objeto. Dale en la mano con la varita una vez y simultáneamente di: "No." Recuerda, no estás disciplinando, estás entrenando. Un golpecito con la varita es suficiente. Enseguida retirará la mano y considerará la relación entre el objeto, su deseo, la orden y el dolorcito que lo refuerza. Puede ser necesario repetirlo varias veces, pero si eres consistente, aprenderá a obedecer siempre, aun en tu ausencia.

PLANTA TU ÁRBOL EN MEDIO DEL HUERTO

Cuando Dios quería "entrenar" a sus primeros dos hijos para que no tocaran, no colocó el objeto prohibido fuera de su alcance, sino que plantó *"el árbol del conocimiento del bien y del mal"* precisamente en *"medio del huerto (Gn. 3:3)."* Como estaba en medio del huerto, estarían expuestos a la tentación con más frecuencia. El propósito de Dios no era proteger el árbol, sino entrenar a la pareja.

Observa que el árbol no sólo era del "conocimiento del mal," sino, *"conocimiento del bien y del mal."* Mediante el ejercicio de su voluntad para abstenerse de comer, hubieran aprendido el significado de *"bien"* además del significado de *"mal."* Comer de ese árbol no era la única manera de llegar al conocimiento del bien y del mal, sino un camino más corto pero prohibido.

La colocación de un objeto prohibido al alcance del niño, para luego hacer cumplir la orden de no tocarlo, permite al niño adquirir conocimiento del **bien y del mal** desde la perspectiva de un vencedor cada vez que pasa cerca del objeto prohibido (su "árbol del conocimiento del bien y del mal"). Así como con Adán y Eva en el huerto, el objeto y el tocarlo en sí mismo tiene poca importancia. Pero al acompañar una orden se convierten en una "fábrica" moral en la que se forja el carácter. Al obligarlo a cumplir, tu hijo aprende acerca de gobierno moral, deber, responsabilidad, y en el caso de que falle, a rendir cuentas, recompensas y castigo. Al mismo tiempo, también está aprendiendo a no tocar, lo cual hará que la vida social del niño sea mucho más placentera.

Sólo se requiere de unos cuantos minutos para entrenar a un niño para que no toque determinado objeto. A la mayoría de los niños se les puede conducir a una sujeción completa y gozosa en sólo tres días. De ahí en adelante, si sigues siendo fiel, el niño seguirá siendo feliz y obediente. Al decir obediente quiero decir que jamás será necesario decirles dos veces. Si esperas recibir obediencia inmediata y los entrenas con ese fin, tendrás éxito. Se requerirá de tiempo adicional para entrenar, pero una vez que los niños estén bajo sujeción, el tiempo ahorrado será extraordinario. Algunos dicen: "Haz tu casa a prueba de niños," yo digo: "Haz tu niño a prueba de casas."

SITUACIONES DELICADAS

¿Alguna vez has sido víctima de manitas curiosas? El niño pequeño, aún antes de caminar, ya tiene un ávido deseo de arrebatar cualquier objeto de interés. Esto no es ninguna culpa de él, pero a veces es muy molesto. Cuando estás cargando a un bebé que insiste en arrebatar tus anteojos, no le puedes explicar que esa conducta inapropiada es socialmente inaceptable. El pequeño aún no es motivado por el temor al rechazo. Así que, ¿intentas sujetarlo para que no pueda alcanzar tu cara? No, lo entrenas para que no toque. Una vez que hayas entrenado a un bebé para que responda a la orden "No," tendrás control sobre toda situación en la que se aplique una prohibición.

Prepara circunstancias para entrenar. Por ejemplo, coloca al niño donde pueda alcanzar fácilmente tus anteojos. Míralo directamente a los ojos. Cuando extienda su mano para tomarlos, no te retires. No te defiendas. Di: "No" calmadamente. Si acaso, baja la voz, no la alces. No hables con más seriedad de lo habitual. Recuerda que estás estableciendo el patrón vocal que será utilizado durante toda su juventud. Si extiende su mano para tomar tus anteojos de nuevo, di: "No," y acompaña la orden con un leve dolor. Él retirará la mano, tratando de explicarse la relación entre tocar los anteojos y el dolor que siente. (Generalmente yo sólo daba un golpecito en su manita con mi dedo índice. Nunca he visto que esto haga llorar al niño. Ni siquiera sabe que fui yo quien lo hizo. Piensan que fueron los lentes o posiblemente el "No" lo que ocasionó el dolor.) Invariablemente volverá a la carnada para poner a prueba su nueva teoría. Efectivamente, los anteojos ocasionan dolor de nuevo y el dolor se acompaña de un suave "No." Posiblemente se requieran uno o dos intentos más para que abandone su carrera de arrebatador de anteojos, pero sí lo dejará.

Mediante este proceso el niño llega a asociar el dolor con la palabra "No." Llega el momento en que basta tu palabra para conseguir obediencia.

Mediante esta clase de entrenamiento temprano puedes evitar que asalte a su madre con un biberón tomado por la mamila. Lo mismo se aplica para evitar que te jalen el cabello o la barba. Cualquiera que sea la situación, el niño puede aprender a obedecer. ¿Quieres luchar con él durante toda su juventud, regañándolo para que se someta, amenazándolo, colocando las cosas fuera de su alcance, temiendo su siguiente travesura? ¿No sería mejor invertir un poco de tiempo para entrenarlo? Si no ganaras ningún otro beneficio, el entrenamiento representará un ahorro de tiempo.

Conozco a una madre que tiene que contratar a una niñera para poderse meter a la regadera. Deberías poder tomar una siesta y encontrar la casa en orden cuando despiertes.

ENTRENAMIENTO EN OBEDIENCIA—BEBÉS MORDELONES

Una experiencia particularmente dolorosa para la madre lactante es el bebé que muerde. Mi esposa no perdió tiempo para encontrar un remedio. Cuando el bebé mordía, ella le jalaba el cabello (habrá que buscar una alternativa para los bebés sin pelo). Entiendan, al bebé no se le está castigando, sólo condicionando. El bebé aprende a no picarse los ojos o morderse la lengua debido a las sensaciones negativas que acompañan a esto. No requiere de entendimiento ni de razonamiento. En alguna parte del cerebro se archiva esa información inconscientemente. Después de morder dos o tres veces, y sentir el dolor que acompaña a cada mordida, el niño registra esa información para su propia comodidad. El hábito de morder ha sido curado antes de que se inicie. Esto no es disciplina, sino entrenamiento para obedecer.

ENTRENAMIENTO PARA OBEDIENCIA—*PLATOS Y BEBÉS*

La madre con dificultad sostiene su plato de cereal con el brazo extendido mientras lucha con el bebé para dominarlo. Cuando ella coloca el plato fuera del alcance del bebé, lo que le está enseñando es que lo prohibido es sólo lo que está fuera de su alcance. Para entrenarlo, coloca el plato donde lo alcance fácilmente. Cuando intente tomarlo, di: "No," y dale un golpecito en la mano. Retirará su mano, sorprendido por un momento, luego lo intentará de nuevo. Repite el proceso diciendo "No" <u>con voz calmada</u>, y dando un golpecito en la manita. Después de hacer esto varias veces, podrás comer tranquilamente.

Después de responder varias veces al golpecito y la palabra "No," muy pronto la orden verbal sola será suficiente para controlar la conducta del niño. Recuerda, no se le está castigando al bebé, sino condicionándolo. El golpecito no es sustituto de la vara. Simplemente es un refuerzo en el entrenamiento para obedecer.

VEN CUANDO TE LLAME

Un padre cuenta acerca de sus sesiones de entrenamiento con cada uno de sus bebés. Aparta una tarde para una mini sesión militar de entrenamiento intensivo. Al niño de 10 a 12 meses se le deja solo para que juegue absorto con un juguete u objeto fascinante. Desde el otro lado del cuarto o desde un cuarto contiguo, el padre llama al niño. Si éste no hace caso, el padre va a donde está el niño y le explica la necesidad de venir inmediatamente cuando se le llame, y luego lo hace dar pasos de obediencia, llevándolo hasta el lugar de donde le llamó.

Se le regresa al juguete y se le deja solo el tiempo necesario para que se vuelva a interesar profundamente. El padre llama de nuevo. Si el niño no hace caso, el padre le explica nuevamente y repite el ensayo de la respuesta esperada. El padre, una vez que se asegura de que el niño entiende lo que se espera de él, nuevamente va y llama al niño. Esta vez, si el niño no responde de inmediato, el padre administra uno o dos varazos y luego continúa con el ejercicio hasta que el niño responda rápidamente al llamado. De ahí en adelante, mientras el hijo viva en casa, los padres pueden esperar que el niño deje todo y venga cada vez que le llamen. Mientras los padres sean constantes, el niño obedecerá constantemente. Este "entrenamiento en obediencia" se realiza con apacible paciencia. <u>Los varazos no son castigo.</u> Sirven para agregar peso a tus palabras.

NUNCA ES DEMASIADO PEQUEÑO PARA SER ENTRENADO

El recién nacido muy pronto requiere entrenamiento. Los padres que posponen el entrenamiento hasta que el niño tenga edad para comentar asuntos o recibir explicaciones, descubrirán que su hijo es un terror mucho antes de que pueda entender el significado de la palabra.

La madre intenta acostar a su bebé en la cuna, éste se pone tieso, toma aire y pega el grito. Ha comenzado en serio la guerra por el control. Alguien va a ser condicionado. O la ternura de la madre cederá ante las exigencias egoístas del niño (entrenando así al niño para que llore para salirse con la suya), o se le deja llorar (para que aprenda que es inútil llorar). El llanto es el único medio que tiene el bebé para comunicar al mundo exterior una genuina necesidad física. Pero el llanto para manipular a otros y someterlos a servidumbre constante nunca debe ser premiado. Si lo haces, reforzarás el creciente egoísmo del niño que finalmente llegará a ser socialmente intolerable.

PASOS HACIA LA OBEDIENCIA

Una de nuestras niñas que desarrolló movilidad muy tempranamente, tenía una fascinación por subir escaleras. A los cinco meses no tenía entendimiento como para castigarla por desobediencia, pero por su propio bien intentamos entrenarla mediante la orden verbal de "No" combinada con ligeros golpecitos en la pierna para que no subiera las escaleras. Utilizamos una varita de sauce de 30 cm. de largo y 7 mm. de diámetro.

Era tal su fascinación por subir la escalera que seguía escalando a pesar de las vareadas. Se supone que los varazos deben funcionar, pero parecía que a su temprana edad su cerebrito no podía comprender la asociación. Así que coloqué la varita en el primer escalón. Después observamos que gateaba hasta las escaleras e iniciaba el ascenso, sólo para detenerse en el primer escalón, contemplando la varita. Se alejó y no volvió a intentar subir la escalera, aun cuando quitamos la varita.

DISCIPLINA EXCESIVA

Las medidas disciplinarias pueden llegar a ser excesivas y opresivas si olvidas la herramienta del entrenamiento y esperas que la disciplina por sí sola logre entrenar. Observé a un padre soberbio y severo que gobernaba a sus hijos con mano firme, asegurándose de que todos se dieran cuenta de ello. Usaba su vara ante la menor provocación, especialmente en presencia de la visita. Sus hijos temblaban ante su presencia, temiendo causar su disgusto. Yo me preguntaba por qué, si era tan firme y constante para exigir obediencia, no lo había conseguido antes de que tuviera público. Me quedé impresionado, pero no en el sentido que él esperaba.

Salvo en el caso de los bebés muy pequeños, el entrenamiento en el hogar elimina casi por completo la necesidad de disciplinar en público. No obstante, si llegara a presentarse la necesidad de disciplinar en público, sé discreto con tu disciplina y luego ve a casa y entrena para que nunca te vuelvas a encontrar en tan difícil situación.

EL ENTRENAMIENTO DEL TESTARUDO NIÑO MENONITA

Mientras me encontraba sentado, platicando con un hombre mennonita de la localidad, se presentó una típica sesión de entrenamiento. El niño de doce meses, que estaba sentado en el regazo de su padre, súbitamente sintió el impulso de deslizarse al piso. Como el piso estaba frío, el padre le indicó al niño que permaneciera en su regazo. El niño se puso tieso y echó los brazos hacia arriba para zafarse y deslizarse al suelo. El padre le habló en alemán (yo no entendí), y firmemente lo volvió a sentar. El niño emitió ruidos de protesta y siguió intentando bajar del regazo de su papá. El padre entonces le pegó al niño y le habló lo que supuse era una reprensión. Viendo a su madre al otro lado del cuarto, el niño empezó a llorar y a extender las manos hacia ella. Eso se entiende en cualquier idioma. Era obvio que el niño sentía que gozaría de más libertad con su madre.

A esta altura sentí un gran interés en seguir el proceso. El niño intentaba evadir la cadena de mando. Casi cualquier padre se hubiera sentido feliz de pasarle el niño problemático a la mamá. Si se le hubiera permitido al niño iniciar el traspaso, él hubiera sido el que estaba entrenando, y no los padres. En estas situaciones la madre suele correr al auxilio del niño porque apetecen la satisfacción de sentirse necesarias. Pero a esta madre le interesaba más el entrenamiento de su hijo que sus propios sentimientos. Parecía no escuchar las súplicas del niño.

El padre entonces giró al niño sobre su regazo para evitar que viera a su madre. El niño tenaz inmediatamente comprendió que ya se habían trazado las líneas de combate. Expresó su intención de dominar, echando su pierna de nuevo hacia el otro lado para mirar a su madre. El padre le pegó al niño en la pierna que había echado hacia su mamá y nuevamente le habló.

Ahora la batalla estaba en su apogeo. Uno de los dos iba a someter su voluntad al otro. El padre confirmaría que este niño de un año podía gobernar a sus padres, o los padres confirmarían su autoridad. Estaba en juego la felicidad de todos, además del alma del niño. El padre era suficientemente sabio para saber que se trataba de una prueba de autoridad. Este episodio que había comenzado como "entrenamiento para obediencia" había pasado a ser "disciplina para corregir la actitud."

Durante los siguientes cuarenta y cinco minutos, el niño echó la pierna hacia el otro lado 15 veces y cada vez el padre la regresaba y le pegaba. El padre estaba tan tranquilo como una hamaca meciéndose un domingo por la tarde. Su reacción no denotaba impaciencia ni enojo. No tomó la desobediencia como algo personal. Él había entrenado a muchos caballos y mulas y conocía el valor de la perseverancia paciente. Al final, el niño de doce meses sometió su voluntad a su padre, se quedó como fue colocado y se contentó—hasta se puso feliz.

Algunos dirán: "Pero yo no podría soportar eso emocionalmente." A veces resulta difícil y molesto hacer a un lado tus sentimientos con tal de entrenar al niño. Sí representa un sacrificio emocional. Sin embargo, ¿qué es el amor sino sacrificio? Cuando sabemos que redundará en beneficio temporal y eterno para el niño, es un gozo en lugar de sacrificio.

Si sabes que eres iracundo o impaciente, pudieras estar cargando con una culpabilidad que te impide ser enérgico en la disciplina de tu hijo. Quizá temes que tu disciplina sea un esfuerzo egoísta por dominar. Por el bien del niño debes resolver tus propias impurezas, ya que si él no recibe entrenamiento constante y fuerte, sufrirá grandemente.

DEBES CONVENCERTE DE DOS COSAS

Primero, casi todo niño pequeño, al menos una vez se rebelará contra la autoridad y decidirá tomar las riendas. Esta obstinación es insondable—asombrosa—impresionante que un niño tan pequeño pueda estar tan dedicado y ser tan perseverante en la rebeldía. Es la clase de determinación que esperaríamos encontrar en el revolucionario endurecido al enfrentar sesiones de adoctrinamiento del enemigo. Aun los padres que han sido entrenados para esperarlo y preparados para perseverar, se quedan asombrados ante la fuerza de la voluntad del pequeño.

Segundo, si eres constante en el entrenamiento, este intento de dominio absoluto se presentará sólo una vez en la vida del niño. Si tú sales victorioso en esa confrontación, sale ganando el niño en el juego del desarrollo de carácter. Si flaqueas y permites que el niño domine, el niño lo perderá todo menos su voluntad de dominar. Por el bien del niño tienes que perseverar.

El gato al que se le impide entrar a la casa casi en toda ocasión, pero que ocasionalmente logra penetrar las barreras, tomará ese éxito ocasional como la mejor motivación para intentar entrar siempre. Sin embargo, si se logra impedirle el paso consistentemente, (100% del tiempo), perderá la voluntad de entrar, aun cuando la puerta se quede abierta. Podrás patearlo, prensarle la cola con la puerta y lanzarlo a 20 metros de distancia, pero si ocasionalmente le permites entrar durante el tiempo necesario para recoger restos de alimento del piso o dormir en el sillón, por siempre jamás se arriesgará a correr baquetas para entrar. Tu maltrato pudiera volverlo suficientemente cauteloso como para obedecer mientras estás en guardia, pero aun así se abalanzará por la puerta cuando vea la oportunidad de hacerlo.

Por otra parte, es posible enseñar a los perros que entren o permanezcan afuera con la sola orden. De nuevo, la clave es constancia. Si el perro aprende mediante acondicionamiento (conducta constante por parte del entrenador), que nunca se le permitirá violar la orden de su amo, obedecerá siempre. Si los padres entrenan a sus hijos cuidadosa y consistentemente, su conducta será superior a la de un perro lazarillo bien entrenado.

ENTRENAMIENTO NEGATIVO

¿Cuántas veces has observado a los niños en escena en el supermercado? Un pequeñuelo sagaz y tramposo, desde su asiento de mando en el carrito de compras, ejerce sus "derechos del niño" a una auto complacencia sin límites. El padre, intimidado pero sin conocer ningún remedio, le saca la vuelta a los tentadores "árboles del conocimiento del bien y del mal." ¡Demasiado tarde! El niño ha divisado el objeto de su codicia desenfrenada. Comienza la batalla. El niño conseguirá lo que quiere o le hará la vida insoportable a su padre. De cualquier manera, él es el vencedor.

SUJECIÓN COMPRADA

Un padre relató orgullosamente cómo él había vencido valientemente, prometiéndole al niño un helado si tan sólo se portara bien hasta salir de la tienda. Este tipo de acuerdo negociado sólo afirmará al niño en sus tácticas terroristas. No estás consiguiendo controlar al niño; él está consiguiendo controlarte a ti. <u>Todo niño es entrenado. Algunos de manera descuidada o negligente y otros con grados diversos de premeditación.</u> Toda respuesta de los padres está condicionando la conducta del niño, y por tal motivo está entrenando.

Los padres que compran sujeción mediante promesa de recompensa están convirtiendo a su hijo en un extorsionista al que se le compra protección. El niño se convierte en jefe de la mafia y tú serás el comerciante intimidado. Si estás negociando con un terrorista para conseguir un día más de descanso, te deseo que logres un acuerdo favorable. Pero si estás entrenando a tu hijo, necesitas reconsiderar tus métodos. Si permites que tu hijo te intimide y te obligue a negociar con él, lo convertirás en un sicólogo manipulador.

¿OÍSTE LO QUE TE DIJE?

Observé a un padre que le dijo a su niño pequeño que no tocara cierto objeto. El entrenamiento del niño le había enseñado a no hacer caso a las órdenes dadas en tono suave, y tomó el objeto. En tono irritado el padre ordenó: "Dámelo." El niño fingió no escuchar. Enojado: "¿Me oíste? (¡Claro que lo oyó!) Dáselo a Papá." Con más enojo: "Juaniiiiito, dáselo a Papá, ¡¡YA!!" Finalmente, otro decibel más alto—impaciente—enojado—amenazador: "¡¡JUANITO!! ¿Te voy a tener que PEGAR?" En ese momento el padre se sintió avergonzado por su tono de voz. Bajó la voz, y en un intento por concluir el asunto, se inclinó y extendió su mano para facilitarle la obediencia a Juanito. Ante la voz airada de su padre y sus ojos que echaban lumbre, Juanito adoptó por el momento la actitud de: "¿Qué más da? Ya habrá otro día." Pero en lugar de pasarle el objeto al humillado padre, lo colocó en dirección hacia su padre, pero abajo, junto a su cuerpo, obligando al padre a extenderse aún más para tomarlo. El padre, luciendo como un pobre vasallo al recibir limosna de bondadoso noble, se sometió a la humillación y se estiró para alcanzar el objeto. Luego, en un despliegue de debilidad, el padre lo colocó fuera del alcance del niño.

¿Qué aprendió Juanito con este episodio? Se fortaleció su convicción de que nunca es necesario obedecer una orden a la primera, segunda, tercera ni cuarta vez. Nadie espera que lo haga. Ha aprendido que está permitido arrebatar cualquier cosa que esté a su alcance y conservarla hasta que se caldean los ánimos. Ha aprendido a no respetar la autoridad, sino únicamente la fuerza (ya llegará el día en que él sea el más fuerte). Mediante el ejemplo del padre ha aprendido cómo usar la ira. Al obligar al padre a estirarse para tomar el objeto de su mano, aprendió cómo "tener la última palabra" y sostener su desafío. En efecto ese padre estaba entrenando a su pequeño para que fuera un rebelde.

¿Qué ha aprendido el padre? Ha aprendido que Juanito sólo es un niño "de voluntad férrea;" que los niños pasan por etapas desagradables; que en ocasiones es muy desagradable y penoso ser padre; que uno tiene que vigilar al niño a cada instante y colocar las cosas fuera de su alcance; que lo único que entienden los niños es el enojo y la fuerza. Todo lo cual es falso. El padre está cosechando el fruto de no haber entrenado.

CAPÍTULO 2

La Naturaleza Infantil

Comprensión del desarrollo natural del niño

"¡HE AQUÍ, EL SEGUNDO AY!"

Anoche, mientras estaba sentado en una reunión, me puse a observar a una madre joven que luchaba con su hijo pequeño. Él parecía estar decidido a hacerle la vida lo más difícil posible a ella—y, aprovechando el viaje, destruir su reputación. El rostro cansado de ella reflejaba una expresión de: "¿Por qué a mí?" El niño insistía insolentemente en arrojar su biberón al piso (auxiliado por ella que se lo recogía y se lo volvía a dar) y expresaba su enojo con ruidos que obligaban al predicador a gritar cada vez más fuerte. Con sus desplantes cada vez más penosos, el niño la obligó a bajarlo al piso, donde procedió a actuar como payaso de circo, distrayendo a los que escuchaban al predicador. Finalmente insistió en tomar la propiedad de su vecino. Cuando la madre fatigada intentó evitar sus hurtos y rescatar los bienes robados, el niño pataleó como una batidora mientras protestaba a gritos.

Era como para convencer a cualquiera que el Diablo se había iniciado como infante. Me alegro de que los niños de un año no pesen noventa kilos, porque si así fuera, muchas madres serían víctimas de homicidio por infantes. Esto le ayuda a uno a entender de dónde vino el concepto de "naturaleza pecaminosa."

La madre sabía que el niño no debía portarse así, pero considerando el desarrollo intelectual limitado del niño, se sentía impotente. Las acciones de los niños mayores y de los adultos son limitadas por muchos factores mentales y sociales. Pero este niño no se veía afectado ni por presión de grupo, vergüenza o rechazo. Llevaba una vida de desenfreno y auto complacencia sin limitaciones. Los padres estaban esperando que se desarrollara el entendimiento del niño para poder corregir su "mala" conducta. Ellos observaban impotentes mientras se arraigaba un espíritu de egoísmo y maldad en la ausencia de entendimiento.

¿Cuál es la fuerza que impulsa a este niño? y, ¿cómo puede ser conquistada? Es indispensable entender ciertas cosas respecto a la naturaleza del niño para poder establecer un entrenamiento adecuado.

EL EGOCENTRISMO DISEÑADO POR DIOS

Buscando nuestro desarrollo moral, Dios nos creó para existir en un estado constante de necesidad y dependencia. Estas necesidades esenciales son más evidentes en el niño pequeño. Él necesita alimento, calor, compañía, entretenimiento y un pañal seco. Dios lo ha dotado de un fuerte impulso involuntario que lo lleva a gustar, oler, escuchar y ver, además de un deseo de tocar y sentir.

Los deseos y las pasiones en el recién nacido aún no están completos. A medida que madura tendrá un deseo natural creciente por lo que es *"agradable a los ojos,"* cosas *"buenas para comer,"* y por aquello que lo hará *"alcanzar sabiduría."* Su humanidad progresiva cederá el lugar a un deseo de construir, conocer, ser apreciado y reconocido, tener éxito, amar y de sobrevivir en un estado de seguridad.

Conforme el niño va creciendo, aprende a manipular su entorno para su propia satisfacción. Sonreír, gruñir, patalear, menear o sacudir la cabeza, llorar y gritar, todo esto sirve para expresar: "cárgame, dame de comer, mírame. ¿No se dan cuenta de que tengo necesidades urgentes? ¿Qué cosa podría ser más importante que *yo?*"

El mundo del niño no va más allá de lo que son sus necesidades. Esta es la única realidad que él conoce. Pronto descubre que no sólo sus necesidades, sino también sus "caprichos" pueden ser fácilmente satisfechos. El niño no puede pensar en términos de deber, responsabilidad o decisión moral. No tiene orgullo ni humildad—sólo deseos. Él viene, ve y toma. Así ha sido creado. Por naturaleza es incapaz de tomar en cuenta las necesidades de otros. El niño no sabe que tú estás cansada y que también necesitas consuelo.

El egocentrismo de los bebés y niños pequeños tiene todas las apariencias de ser un defecto. Pero en realidad están respondiendo conforme a impulsos naturales, diseñados por Dios, para satisfacer sus necesidades naturales. *"Se descarriaron hablando mentira desde que nacieron (Salmo 58:3)."* Sin embargo, Dios no les toma en cuenta esta mentira como pecado. Dios los considera como carentes de carácter moral, y por tanto sin responsabilidad. No poseen la madurez intelectual y moral para decir "No" a los apetitos naturales. Aún no se les puede tener por responsables. Inician la vida en un egocentrismo inocente.

CULPAR O NO CULPAR

Conforme va creciendo el niño, digamos entre los ocho y doce meses, los adultos que lo rodean empiezan a hacer menos caso a sus exigencias, y se inicia un proceso de desacostumbramiento. Al niño se le hace esperar, se le dice "No" y se le marcan límites. Tiene que aprender que no siempre puede ser el primero. Si el entrenamiento temprano no ha mitigado sus manifestaciones de "egoísmo," la gente lo empieza a tachar de "mimado."

Los padres frustrados, con sentimientos de culpa, son manipulados por los berrinches y lloriqueos del niño. Empieza el conflicto. El niño es jaloneado. Crece el resentimiento. Los adultos empiezan a culparlo e incluso a competir con él.

El niño siente esta tensión pero no disminuye sus exigencias. El chico maquina, calcula y recurre a berrinches. He visto niños de dos años que toman alguna arma y golpean con ira a su madre. El niño no ha desarrollado la madurez que le permita entender responsabilidad, apreciar valores, ni tomar decisiones conscientes basadas en su valor moral o social; pero ¡vaya que puede imitar la mentalidad del criminal!

HACIA EL ENTENDIMIENTO

¿Qué es lo que sucede? Hasta hace poco los adultos cercanos a este niño le hubieran dado lo que él pidiera, incluyendo su propio sustento; pero ahora empiezan a esperar que él ponga un poco de su parte. Pero él no quiere dar nada. Ha estado acostumbrado a recibir desde su concepción. Y este arreglo le sienta perfectamente bien.

Nosotros los adultos, percibiendo las capacidades de los niños, esperamos que den y reciban a un nivel que corresponda a su madurez. Cuando se quedan por abajo de nuestras expectativas, nos irritamos. El niño NUNCA experimenta una transición fácil desde la mentalidad totalmente egocéntrica hasta el nivel de conciencia social de dar y recibir.

Nos divierte que un bebé de tres meses nos arrebate el alimento de la mano para retacarse la boca, pero que no lo intente un niño de tres años, porque ya no nos parece tan simpático. Nos fascina que un niño de tres años interrumpa nuestra conversación con su propio cuento, pero se espera que el de nueve años diga: "disculpen," y luego espere el momento apropiado para participar en la conversación.

Cuando consideramos que un niño ha madurado hasta el punto de ser capaz de cierta acción responsable, automáticamente lo esperamos de él. Si es lento para asumir su deber, nos irritamos con él por "no comportarse de acuerdo a su edad."

Las bestias de la tierra, en contraste con el hombre, nunca tienen que negar sus impulsos naturales. Ellas están dentro de los límites establecidos viviendo para la auto complacencia. Pero el niño en crecimiento o el adulto que no supera los deseos de auto complacencia, se ha apartado del propósito y el diseño de Dios. La raíz de todo pecado se encuentra en la desenfrenada auto complacencia de los deseos dados por Dios. Aun cuando el niño quizá no haya madurado hasta llegar al punto de responsabilidad personal, no obstante, su auto complacencia desenfrenada es la esencia misma de la pecaminosidad futura.

UN FETO ESPIRITUAL

La vida ha sido diseñada por Dios para que sea como un vientre espiritual, un lugar donde inicia el desarrollo moral después del nacimiento, y donde continúa durante toda la vida. Los primeros años después del nacimiento se podrían considerar como el desarrollo prenatal de un ser moral.

Cuando fueron creados, Adán y Eva estaban físicamente completos, pero moralmente sin desarrollo. El feto de cuatro meses, todavía en el vientre de su madre, es un alma viviente. Aun cuando cada uno de sus pequeños miembros corresponden a los de un adulto maduro, todavía es una creación incompleta que requiere más crecimiento antes de que pueda vivir aparte de su madre. De manera semejante, el niño de tres años, moralmente tiene todos los pequeños rasgos de un adulto moralmente responsable—un conocimiento del bien y del mal, un sentido de la justicia, responsabilidad, conciencia, deber, culpabilidad, vergüenza, etc. Sin embargo, ninguna de estas facultades morales se encuentran desarrolladas al grado de ser completamente operativas e independientes. El niño aún no es un alma moralmente viable. Es un ser moralmente incompleto. No puede rendir cuentas de sí mismo. Moralmente, el niño de tres años aún está en el vientre. La vida moral se empieza a desarrollar después del nacimiento, probablemente en el segundo o tercer año, y continúa hasta llegar a su madurez entre los diez y quince años de edad.

Así como sucede con el desarrollo físico en el vientre, el desarrollo moral es una transición lenta desde una ausencia total de entendimiento moral en el momento del nacimiento, hasta la responsabilidad completa en algún momento de la juventud del muchacho. Existen enormes diferencias de opinión en cuanto al momento en que Dios responsabiliza al niño de sus propios actos y pensamientos. Desde la más remota antigüedad, doce años ha sido tradicionalmente "la edad de la responsabilidad." Pero la responsabilidad no es una edad; es un estado (Santiago 4:17; Levítico 5:3). Bíblicamente ocurrirá en algún momento antes de los veinte años de edad (Deuteronomio 1:39 con Números 14:29–31). Algunos niños pudieran ser responsables desde los cinco años mientras otros quizá no sean plenamente responsables hasta los diecinueve. Es posible que los mentalmente discapacitados nunca lleguen al punto de una responsabilidad moral. Pero lo importante no es la edad. El asunto es que el desarrollo moral es un proceso, y el niño pequeño aún no es un alma moralmente viable.

EL DILEMA

El dilema que enfrentan los padres es este: ¿Cómo tratamos al niño durante este período de transición mientras pasa de una carencia total de entendimiento moral hasta una responsabilidad completa? Por ejemplo, cuando un niño de cinco años tiene un 30% de conocimiento moral y un 70% de inocencia moral, ¿cómo pueden los padres pedirle cuentas? Sabemos que Dios no condenará a un niño cuyas facultades morales no estén completamente operativas, pero ¿cómo determinan los padres la medida en la que se le debe tener por responsable? Esta incertidumbre hace que muchos padres titubeen. Pero si los padres esperan hasta que el niño pueda entender la necesidad de usar de dominio propio, para entonces exigírselo, para entonces ya tendrá tanto el antecedente como la costumbre de consentir su carne al máximo. El problema que debe enfrentar el padre es que los impulsos naturales están activos mucho antes que la razón. En los años antes de que el niño sea capaz de frenarse por su propia voluntad, los padres generalmente ayudan al desenfreno del niño, proveyendo un ambiente en el que no se espera nada de él.

RESPONSABILIDAD DE LOS PADRES

Aquí es donde llegamos al punto crucial de este capítulo y al fundamento de todo este libro. Es importante entender: LOS PADRES TIENEN QUE TOMAR CONTROL DEL DESARROLLO MORAL DE SUS HIJOS. Durante los primeros años no debemos destruir los impulsos naturales del niño, pero sí tenemos que obligarlo a usar de dominio propio. El papel de los padres no es el de policía, sino más bien como el del Espíritu Santo. Cuando el niño tiene sus velas llenas de viento (impulsos fuertes), pero carece de brújula (discernimiento moral), sus padres tienen que servirle de navegantes. Mientras el niño sea incapaz de sostener valores morales, el entrenamiento y ejemplo de los padres serán su "norma." Antes de que pueda DECIDIR hacer lo correcto, sus padres deben CONDICIONARLO para que haga lo correcto. Hubo un tiempo en que la madre respiraba por el niño, comía por él y manejaba sus desechos. Igualmente, en la esfera moral, mientras no se desarrollen las facultades morales y el razonamiento del niño hasta el punto de funcionar en forma independiente, los padres deben ser la voz de su conciencia fetal. Los padres deben proveer iniciativa e inculcar un conjunto de valores.

Cada día acerca más al niño a la responsabilidad moral. Algún día su corazón espiritual funcionará sin ti. Dejará la protección de la santificación de los padres y caminará solo a la luz de su propia conciencia (*I Corintios 7:14*). Entre tanto que madure hasta ese punto, la única moderación que el niño conocerá será la que sus padres le inculquen.

Los padres deben ser sensibles a su papel en el desarrollo moral del niño. Un día él decidirá sin ti. ¿Tomará la decisión correcta? Ninguna cantidad de entrenamiento eliminará la certeza del desarrollo del pecado, pero el entrenamiento que los padres proporcionen puede disminuir la adicción a la carne y facilitar el arrepentimiento después de que haya pecado.

Los padres no abordan el "egoísmo" del niño pequeño como si fuera pecado, pero deben estar conscientes de que pronto llegará a serlo. Impulsos que en sí mismos no son malos, no obstante, proveen ocasión para el pecado. Conforme los padres entrenan al niño pequeño, deben tomar en cuenta la maldad a la que conducirá un espíritu auto gobernado.

Los padres no pueden impartir justicia a sus hijos, pero pueden ayudarles a desarrollar un firme compromiso con la justicia. Los padres no pueden escribir la ley en los corazones de sus hijos, pero pueden escribir la ley y el evangelio en su conciencia naciente.

Esperar el desarrollo del niño, sabiendo que el mal llegará a ser parte de su naturaleza moral, impone a los padres un sentido de urgente responsabilidad. El mundo es una resaca que arrastra a los niños hacia la destrucción. Basta ver las estadísticas para saber que las probabilidades se oponen a su supervivencia moral. El entrenamiento que dan los padres y la sabiduría que imparten pueden ser determinantes en cuanto al desenlace. Tienen entre sus manos un alma eterna. No se pueden dar el lujo de ceder a la indiferencia, la pereza o el descuido negligente. Es su responsabilidad determinar qué nivel de entendimiento posee su hijo y exigirle cuentas en ese nivel.

Esta es una tarea casi imposible si confías sólo en tu inteligencia. Si tú eres el principal encargado de tu hijo, tu corazón podrá discernir el mundo desde la perspectiva de él. Cuando el niño considera que es malo, es malo (*Santiago 4:17*). Donde el niño posee entendimiento moral y a pesar de ello desobedece, debe ser castigado con la vara. En aquellas áreas donde no entiende la naturaleza moral de sus acciones, debe ser entrenado y condicionado.

CUANDO LOS IMPULSOS SE CONVIERTEN EN PECADO

¿En qué momento se convierte en pecado este egoísmo inocente, natural de un niño? En otras palabras, ¿cuándo es culpable el niño? No olvides que el niño no estará bajo condenación hasta que sus facultades morales sean plenamente operantes.

A medida que se desarrollan las facultades morales y de razonamiento del niño, gradualmente llega a entender su responsabilidad y deber moral. En algún momento (conforme crece la percepción moral hasta el punto en que se le puede tener plenamente responsable), cada niño enfrenta su propio *"árbol del conocimiento del bien y del mal."* (*Véase Deuteronomio 1:39*.) Hasta ahora, todos (menos Jesús) han "comido" (violado personalmente su propio entendimiento de lo que es bueno y lo que es malo, según Dios le ha hecho entender), y como resultado se encuentra bajo condenación personal.

Dios no condenará a un niño hasta que haya llegado a un estado de responsabilidad. Sin embargo, durante esta transición, que ocurre entre los dos y catorce años, la responsabilidad del niño aumentará en proporción a su comprensión moral. Cuando un niño viola su conciencia, por limitado e incompleto que sea su entendimiento, desde entonces es culpable. La medida en que se haya desarrollado su entendimiento es la medida en que sus acciones se pueden llamar pecado. La presencia de culpabilidad es un buen indicador de la medida de desarrollo de su conciencia.

Nuevamente, aunque el niño pueda sentirse culpable en ciertas áreas, no es contado como responsable de pecado mientras su alma moral no esté completamente funcional. Un reloj sin terminar, todavía en fabricación, pudiera tener piezas en movimiento, pero no marcará correctamente la hora hasta que todas las piezas estén correctamente instaladas.

ANDAR CONFORME A LA CARNE

Todos los niños parecen estar inclinados al mal. Esta inclinación a pecar radica en el cuerpo carnal que busca satisfacción egoísta. Cuando el niño se ha entregado al apetito carnal, Pablo designa su carne como *"carne de pecado (Romanos 8:3),"* es decir, carne "llena" de pecado. Así como el cuerpo de pecado ocasionó el pecado de Eva y ocasionó la tentación de Cristo, así también ocasiona el desarrollo del egoísmo en tu hijo—lo que al madurar constituirá pecaminosidad.

ANDAR CONFORME AL ESPÍRITU

Aún antes de que la conciencia del niño sea parcialmente operativa, se le tiene que entrenar para que practique dominio propio. Pues si al niño se le permite violar su conciencia naciente, y la sigue violando hasta alcanzar plena madurez, estará ya completamente entregado a su carne mucho tiempo antes de que empiece a desarrollar un sentido del deber personal. Por tanto, antes de que comience el desarrollo moral (como a los dos años de edad), los padres deben someter completamene la carnalidad del niño.

Hacia el tercer año y de ahí en adelante, esa parte del niño que ha despertado al deber moral debe ser instruida para que se someta voluntariamente a ser gobernada por la ley. Si se permite que la carne siga su curso natural, el niño será presa de muchas pasiones y deseos desordenados mucho antes de que tenga suficiente conocimiento para asumir responsabilidad.

EN MIS MANOS

El barro del que fue formada la vasija para deshonra se echó a perder en mano del alfarero, sólo para ser formada de nuevo como vasija de honra apta para la mesa del maestro. Si Dios es el alfarero y tu hijo es el barro, tú serías la rueda sobre la cual gira el barro. Así como Adán y Eva recibieron un huerto que habían de cultivar y mantener, tú has recibido en calidad de préstamo, un pequeño corazón y mente que has de cultivar y mantener.

Llegará el momento en que tu hijo tendrá que enfrentar solo *"el árbol del conocimiento del bien y del mal."* Conforme a lo que ha permitido el propósito de Dios, inevitablemente comerá del fruto prohibido. Ahora, durante los años de su desarrollo, tú puedes influir sobre la manera en que ha de responder después de que haya "comido."

Todo lo que el niño experimenta, sea por su desenfreno o por el dominio propio que tú le inculques, lo está preparando para el día en que madurará hasta llegar a ser un alma moral y responsable. En algún punto de ese camino de desarrollo, cada niño se graduará hacia la responsabilidad completa. Ese niño entonces estará ante Dios, "sin excusa."

UN LLAMAMIENTO DIVINO

Comprendiendo lo anterior, podrás apreciar mejor lo que está ocurriendo en tu hijo en desarrollo. Así como el niño Jesús crecía en sabiduría y en conocimiento, también tu hijo pasa por un incremento en su entendimiento. Las Sagradas Escrituras podrán hacerlo *"sabio para salvación (II Timoteo 3:15)."* Tú debes preparar a tu hijo para que *"sea salvo de esta perversa generación (Hechos 2:40)."* Dios tiene un prototipo del producto terminado. Quiere que tu hijo sea *"hecho conforme a la imagen de su Hijo (Romanos 8:29)."* Debes colaborar con Dios hasta que llegue el día en que tus hijos lleguen *"a la medida de la estatura de la plenitud de Cristo (Efesios 4:13)."* Aún está vigente la promesa de Dios: *"Instruye al niño en su camino, y aun cuando fuere viejo no se apartará de él (Proverbios 22:6)."*

CAPÍTULO 3

El Enojo de los Padres

NO MÁS OPORTUNIDADES

Cuando yo estaba trabajando sobre este libro, una madre joven me dijo: "A veces me enojo tanto; maltrato tanto a los niños. Ellos me irritan tanto. Juanito siempre está molestando a María y haciéndola llorar. Tengo que estar encima de ellos todo el tiempo para evitar que hagan lo que no deben. ¿Qué puedo hacer para conquistar mi enojo?"

En el pasado esta madre había premiado la desobediencia diciendo: "Mira Juanito, ya te he dicho que no hagas eso. Te voy a dar una oportunidad más y luego tendré que pegarte." Él seguía desobedeciendo, y aumentaba la frustración de ella.

En efecto la madre había enseñado a Juanito que él podía desobedecer hasta que la frustración de ella alcanzara cierto nivel. Cuando él percibía que ella había llegado a su límite, sabía que era tiempo de calmarse por un rato. Podría volver a su desobediencia en cuanto ella se enfriara. En ocasiones le fallaba el cálculo, la empujaba más allá de su límite y ella "estallaba" antes de que él pudiera cumplir.

Esta madre podría conquistar su enojo si eliminara la causa. No, no al hijo, sino su desobediencia. Con el tiempo ella siempre lograba que obedeciera. Generalmente se presentaba un prolongado, tenso y competitivo preludio antes de que finalmente obedeciera. Sin embargo, su hijo en realidad estaba respondiendo como era de esperar. Ella lo había entrenado para que no obedeciera hasta que el enojo de ella alcanzara cierta intensidad.

Le entregué una copia del borrador de esta obra. Después de leerlo, decidió que tenía que cambiar en ciertas áreas. Le hizo ver claramente a su hijo que él no debía fastidiar a su hermanita. Le dijo a Juanito que si desobedecía sería azotado a la primera. La primera vareada le cayó de sorpresa a Juanito. Mamá ya no estaba esperando hasta enojarse. No había advertencias ni amenazas—¡ella esperaba que él obedeciera a la primera!

Después de dos días de recompensar cada transgresión con varazos, Juanito la miró y le dijo: "Pero Mamá, ¡ya no me estás dando oportunidades!" La madre le dijo: "Así es, ya no habrá más oportunidades. De ahora en delante esperaré que obedezcas a la primera." Él había estado usando sus "oportunidades" para comprar desobediencia. Después de dos años, actualmente obedece desde la primera vez, y Mamá ya no se enoja.

LICENCIA PARA DESOBEDECER

Cuando el Departamento Estatal de Cacería y Pesca expide permisos que autorizan la pesca de un máximo de cinco truchas, no están evitando la pesca de trucha, sino fomentándola. Esta madre le había expedido a Juanito una licencia para desobedecer cinco veces, pero lo castigaba a la sexta ofensa. Así que todos los días salía a "pescar" problemas, pero siempre con un ojo hacia el "vigilante." Intentaba acertar cual era la verdadera "última oportunidad" para detenerse justo antes de llegar hasta allí.

Cuando la madre prohibió la desobediencia al bajar el "límite" hasta cero, Juanito tuvo que probar al legislador para averiguar si sólo se trataba de otro permiso más. Cuando la "Mamá Vigilante" le hizo ver que iba en serio, él decidió que no era tanta su afición por "pescar problemas" como para pagar la multa por lo que pescara. Juanito empezó a obedecer todos los reglamentos a la primera.

Si la policía dejara de levantar infracciones por exceso de velocidad y empezara a regañar y amenazar, equivaldría a la eliminación del límite de velocidad. Imagina que un oficial detuviera al conductor que maneja a exceso de velocidad para explicarle cuánta tristeza le da que maneje a tal velocidad. ¿Te puedes imaginar a un oficial sentado junto a la carretera agitando el puño y poniéndose rojo de coraje con cada auto que pasa a toda velocidad? Imagina que detuviera a un conductor por sexta vez y le dijera: "¡Mira, que no te lo voy a volver a repetir!" Si este fuera el caso todo derecho y ley sería vano *"y cada uno haría lo que bien le pareciera."*

La mayoría de los conductores saben que el oficial de policía permitirá que manejen a cuatro millas por hora arriba del límite de velocidad sin levantar infracción. Consecuentemente, la mayoría de los automovilistas manejan a cuatro o cinco millas por hora arriba del límite de velocidad. Cuando permites que tus hijos desobedezcan cuatro o cinco veces antes de aplicar disciplina, los estás entrenando para desobedecer.

Padres, no pueden ustedes culpar a sus hijos si los han entrenado para que obedezcan únicamente después de varias advertencias, amenazas, un ultimatum y finalmente un gesto de fuerza. No es culpa de ellos, es de ustedes.

ENOJO

Padre, ¿te has entrenado a ti mismo para no disciplinar inmediatamente sino a esperar hasta que tu irritación se convierta en enojo? Si es así, entonces has permitido que el enojo sea tu incentivo para disciplinar. Preguntarás: "Pero, ¿cómo puedo dejar de enojarme tanto?" Es muy sencillo. No esperes hasta que se convierta en una ofensa personal contra ti. Disciplínalo inmediatamente ante la menor desobediencia. Cuando los hijos ven que te motiva la ira y la frustración, llegan a la conclusión de que tu "disciplina" sólo es un asunto personal, un conflicto de intereses. El hijo te ve a ti como vería a otro niño que pretende intimidarlo. No se le ha enseñado a respetar la ley y al legislador. Él considera que lo estás obligando a ceder ante una fuerza superior. Cuando actúas por enojo, tu hijo siente que estás cometiendo una ofensa personal contra él, violando sus derechos. Has perdido la dignidad de tu puesto. Como dicen: "Te hace falta ser más presidencial." Si tu hijo no ve constancia en el legislador, en su mentalidad no existe ley alguna, sino únicamente competencia por la supremacía.

Te has enseñado a ti mismo a ser motivado sólo por el enojo. Y has enseñado a tu hijo a responder sólo al enojo. Habiendo fallado en el entrenamiento correcto de tu hijo, has permitido que las semillas de la auto complacencia alcancen proporciones grotescas.

HE FORMADO UN NIÑO QUE ME CAE MAL.

La razón por la que te enojas con tu hijo es que te cae mal. Dirás: "¡Ah! Pero yo amo mucho a mi hijo!" No he dicho que no lo amas. He dicho que en ocasiones simplemente te cae mal, por la sencilla razón de que en esos momentos es muy antipático. Es imposible que nos caiga bien un mocoso quejumbroso, egoísta y egocéntrico.

Es inevitable que aprobemos lo que es bueno y hermoso y menospreciemos lo que es feo y malo, aun cuando se trate de nuestra propia sangre y carne. Dios mismo tiene esos sentimientos *(Salmo 11:5)*.

Tienes que enfrentar el hecho de que en ocasiones tu propio hijo te cae mal, y con justa razón. En muchas ocasiones he observado padres que expresan lo que se tendría que describir como "intenso rechazo" por su hijo o hija adolescente. Podrás decir: "Pero a nadie más le caen mal." Sin embargo, si tuvieran que vivir con ellos en las mismas condiciones que tú, probablemente sentirían lo mismo que tú sientes.

Pero, ¿por qué es tan detestable tu hijo? Posiblemente no te agrade la respuesta: Tú lo has formado de esa manera mediante tus técnicas de entrenamiento. Quizá digas: "Pero, yo no he establecido ninguna técnica de entrenamiento. Sólo lo regaño cuando se vuelve insoportable." ¡Precisamente! Todo niño es entrenado por las respuestas y acciones —o la falta de respuestas y acciones— de quienes son responsables de ellos. El entrenamiento negativo, en el mejor de los casos (quizá debo decir en el peor de los casos) lo realizan aquellos que, a pesar de que no entrenan bien, intentan mantener en orden a sus hijos mediante amenazas, intimidación, regaños, enojo y ocasionalmente una racha de azotes.

Un mocoso llorón no es nada simpático ni agradable. Si le permites al niño berrear y desobedecer, moldearás una personalidad y un carácter que difícilmente podrás disfrutar. Pero si asumes el control y los enseñas a controlar sus emociones y a obedecer de inmediato, tus hijos serán alegres y agradables. Así no sólo amarás a tus hijos, sino que también te caerán bien. El hijo corresponde al deleite de los padres, amando y honrándolos aún más. Uno y los otros pueden disfrutar el tiempo que pasan juntos. Los padres descansan y son restaurados cuando pasan tiempo con sus hijos.

LA MUCHACHA DE CATORCE AÑOS

Durante una conversación con una madre que estaba preocupada por la actitud de su hija de catorce años, llegó a ser evidente que su propia hija simplemente le caía mal. La desaprobación y las frecuentes críticas de la madre habían hecho que la adolescente se volviera retraída y poco comunicativa.

En realidad era una hija muy buena y obediente. Era alegre con otras personas, pero malhumorada con su madre. La madre se preguntaba si debía usar la vara para corregir malas actitudes. Temía haber perdido ya todo control para influir en su hija. La madre había tenido una juventud muy tormentosa y tenía mucho interés en evitar que su hija corriera la misma suerte. Entre más se irritaba la madre y más presionaba a su hija, más terreno perdía. En ocasiones los padres tienen expectativas muy definidas respecto a las habilidades y la personalidad de sus hijos, y critican cuando los hijos no alcanzar la norma que ellos han fijado.

Conocí a esta familia cuando su hija era una niña. Recuerdo que ya desde entonces le caía mal a su madre. Con el tiempo esta madre reconoció el error de su proceder. Cuando presentó su mala actitud a Cristo, encontró limpieza y restauración. Su hija rápidamente manifestó gran mejoría.

En realidad, cuando los padres son malos entrenadores, llegan a despreciar a los hijos que han formado. Si has pintado un cuadro que no te gusta, no culpes al lienzo. Saca los pinceles y pinta algo mejor encima del desastre que hiciste.

CAPÍTULO 4

Trenzando Hilos

LA ABUNDANCIA DE HILOS HACE CUERDAS FUERTES

Existe un enlace místico de cuidado unos por otros entre los miembros de una familia en la que hay amor. Yo puedo mirar a cada uno de mis hijos y sentir esa unión. Es como si estuviéramos unidos por muchos hilos de amor mutuo, respeto, honra y todos los buenos momentos que hemos pasado juntos.

Cuando dos o más personas viven juntas, a veces chocan sus intereses, opiniones y libertades. El egoísmo, la indiferencia, el orgullo y la obstinación frecuentemente cortan los hilos que unen. Cuando no se están trenzando continuamente nuevos hilos, los miembros de la familia pronto se encuentran distanciados por sospechas, desconfianza y críticas. El distanciamiento puede llegar a ser tanto que los miembros de la familia prácticamente se convierten en enemigos. Cuando esto sucede entre padres e hijo, se trata de una crisis seria. A menos que se aten nuevos hilos, la separación entre ambos será cada vez mayor. Cuando el joven dice: "Mis padres no me entienden," o "No les interesa," es un testimonio de que todos los hilos han sido cortados.

CORAZONES DE PAPEL

Recientemente cierto padre nos contó acerca de una victoria en esta área. Su hijo de primer año llegó de la escuela y se puso a dibujar y recortar corazones de papel. El padre y el hijo eran muy unidos y frecuentemente hacían cosas juntos. Sin embargo, en un breve momento de insensibilidad el padre hizo una broma respecto a la actividad de su hijo. Al hijo no le pareció graciosa la broma. Se apartó y continuó con su trabajo amoroso. Durante los días siguientes, el niño ocultó a su padre sus proyectos. El padre se dio cuenta de que había habido una ruptura de la confianza. El niño estaba retraído y se resistía a toda insinuación de compañerismo del padre. Habían sido cortados los hilos.

Si a estas alturas el padre hubiera aceptado esa barrera como una "etapa," o peor aún, si se hubiera irritado y hubiera contribuido más a aumentar esa brecha, esto hubiera sido el inicio de un distanciamiento que se hubiera hecho más grande con el paso de los años. Pero este padre actuó sabiamente y tomó medidas positivas. Un día, al llegar su hijo de la escuela le dijo: "Oye, Josué, ¿Quieres salir al taller conmigo? Cortaremos corazones de madera." Josué levantó la mirada cautelosamente y parecía estar analizando la intención de su padre. Después de un momento su rostro cambió para reflejar alegre confianza y contestó: "¡Claro, Papá! Eso sería excelente." A medida que trabajaban juntos haciendo un corazón de madera para regalar al amigo de Josué, se derrumbó el muro y se restauró la camaradería.

Es importante que hijos e hijas les puedan confiar a sus padres información personal e íntima. Si existiera una barrera en esta área, cuando llega el momento en que necesitan un consejo, ¿con quién se van a dirigir? Los sentimientos del niño son tan importantes y sagrados como los del adulto. Trata a tus hijos con respeto en todo momento. Nunca ridiculices, ni te burles ni te rías de las ideas, creaciones o aspiraciones de tu hijo. La confianza que deseas que tengan cuando sean mayores se tiene que establecer y cultivar cuando son pequeños. Si tienes hijos mayores con los que has fallado en este aspecto, no es demasiado tarde para pedir perdón y restaurar esa confianza. Puede ser que lleve tiempo ganarse su confianza, pero sí es posible.

HILOS CORTADOS

Yo diría que la mayoría de los padres han permitido que se rompan los hilos que los unen a sus hijos, y no han hecho un esfuerzo responsable por trenzar hilos nuevos. Es crítico que pongas cuidado en esta área. Cuando todos los hilos se han roto, no puedes impartir una disciplina ni un entrenamiento eficaz. Sin ese respeto y la honra mutua, toda disciplina adicional sólo provoca ira y amargura en el niño.

Yo platico con muchos padres que han perdido contacto con sus hijos. Por cada instancia en la que atan hilos, existen más ocasiones en que las cortan. No sólo ha dejado de existir un enlace, sino que hay una nube entre ellos. El padre interpreta el aislamiento y resentimiento del niño como rebeldía (y lo es), y responde luchando con él con vara y lengua. Como lo haría un animal salvaje, el niño se aísla aún más en su propio mundo de sospecha y desconfianza.

Como sucede con el control del alguacil sobre sus prisioneros, la vara puede obligar a la sujeción externa, pero no moldeará el carácter ni atará hilos de compañerismo. El padre siente que el hijo se le va, a veces hacia el compañerismo de malos hábitos o amistades indeseables. La ira y el rechazo de los padres jamás repararán la brecha.

Padres que dejan a un lado la vara y recurren a tácticas para inspirar lástima: "Si tú me quisieras," o "Me lastimas tanto," o "¿Por qué me haces esto?" pudieran conseguir una sujeción simbólica, pero sólo harán que el joven anhele el día en que se pueda ir y ser libre. Muchos padres han impulsado de esta manera a su hija a los brazos de un amante indeseable, o han hecho que su hijo se vaya de la casa.

En muchos casos los padres desarrollan relaciones de enemistad con su hijo, pero no les preocupa porque el hijo no cuenta con los medios para manifestar su dolor. Para cuando llega el momento en que los padres se ven obligados a reconocer que existe un problema, ya hay toda una zona de guerra y obstáculos entre ellos. Lo que un niño es a los cuatro años lo será a los catorce, sólo que multiplicado muchas veces. El llorón de dos años será el llorón de doce años. El desenfrenado de cinco años será el desenfrenado de quince años.

HILOS QUE SE DEJAN SIN ATAR

Vino a vernos una madre que estaba preocupada por su hija de catorce años. La niña había sido criada en un ambiente muy protegido y externamente era obediente, pero sus padres sentían que existía una ruptura de los enlaces familiares. Cuando se le encargaba una tarea, la niña obedecía, pero con una actitud renegada. A esta madre le parecía que la hija estaba tolerando a la familia, pero que no le agradaba nada su compañía. Había épocas de aislamiento. Ella parecía vivir en su propio pequeño mundo. Como no había desobediencia externa, no se le podía reprender por nada. Esta madre había perdido la comunión con su hija. Los hilos habían sido cortados tiempo atrás. La represión o la disciplina serían infructuosas, incluso dañinas, mientras no se volvieran a trenzar hilos de respeto mutuo y confianza.

EL CAMIONERO DE TRES AÑOS

Mientras mi esposa estaba sentada platicando con una amiga, se produjo un altercado entre los dos hijos de la mujer, de uno y tres años de edad. Ambos empezaron a gritar mientras tiraban de extremos opuestos del mismo camioncito. La madre gritó: "¿Qué pasa con ustedes dos?" El mayor contestó: "Él me quiere quitar mi camión." "Memo, entrégale su camión a Juanito," gritó la mujer. Después de más amenazas estridentes y gritos de protesta, finalmente entregó de mala gana el camión.

Enseguida el más pequeño abandonó el jardín y se metió a la casa desconsolado para ponerse al lado de su madre, castigando así al otro hermano, negándose a jugar con él. Esta es una forma de retribución entre adultos, que los niños aprenden rápidamente.

Después de que el castigo de la soledad hubiera logrado su efecto, el hermano mayor se mostró arrepentido. Tomando su camioncito de entre la arena, se dirigió hacia la casa donde encontró al hermano menor ofendido, ahora sentado en el regazo de su mamá siendo consolado por las pérdidas sufridas en el campo de batalla. Con una sonrisa conciliadora, el hermano mayor le ofreció el camión a su hermanito. Cuando el pequeño estaba a punto de aceptar la ofrenda de paz, la madre se volvió para ver al niño sonriente regando en el piso la arena de su camión. "¡Saca esa cosa de aquí!" ordenó.

La madre estaba tan absorta con su visita que dejó de ver a sus hijos como seres humanos con sentimientos complejos. Ella sólo veía que se agregaba una tarea más a su trabajo de limpieza.

En ese momento se produjo una transformación sicológica en el niño. Acababa de experimentar un "arrepentimiento" que lo había limpiado de su enojo y egoísmo. Pesando su derecho de poseer el camioncito contra el compañerismo con su hermano, descubrió que valoraba más a su hermano. Estaba aprendiendo importantes lecciones sociales en relación con dar y recibir. Estaba aprendiendo a compartir y a controlar su posesividad. Su corazón estaba quebrantado y vulnerable. Había caminado la segunda milla. Pero al llegar al final, se sorprendió al descubrir que a nadie le interesaba. No tenía ninguna importancia. Él había dejado las armas y ahora le estaban disparando. Si no le iban a aceptar su rendición, si no tenían interés en aceptar su ofrenda, él tampoco se iba a quedar allí expuesto, sonriendo como tonto, mientras lo atacaban injustamente.

Él no entendía por qué tanto escándalo. ¿Por qué molestarse por un poco de arena en el piso? Él tenía toda la mañana jugando entre la arena, y le parecía agradable. Mientras analizaba el rostro amenazante de su madre, era obvio que estaban girando los pequeños engranes mentales.

Inmediatamente su sonrisa dio lugar a una expresión de asombro, luego desconcierto, y finalmente desafío. Observé en su rostro que había concebido una idea maquiavélica. Entendiendo que la arena en el piso era lo que había frustrado su plan y había irritado a su mamá, elevó el camión para examinarlo, y luego insolentemente derramó todo el contenido sobre el piso. Para su satisfacción, esto funcionó. Ella perdió el estribo. Ella lo había lastimado y él se había vengado exitosamente. "Mira su cara enrojecida. Eso le enseñará a no atacarme. He ganado este round."

Esta madre había perdido la oportunidad de aceptar la rendición de este líder rebelde. En lugar de eso lo había desterrado de nuevo al despoblado para que practicara su rechazo por la ley, desafiando a la autoridad establecida. Al igual que muchos rebeldes, no tenía otros planes para el futuro. Llegó a ser un rebelde debido a su odio por la autoridad, a la que él esperaba castigar por lo que percibía como injusticias.

Ahora, pudieras pensar que estoy exagerando lo que son los sentimientos del niño. Es cierto que él no te podría decir lo que estaba pensando. Pero este niño de tres años dejó ver que tenía una raíz de amargura que producía su rebeldía.

Si los padres no cambian, para cuando este muchacho llegue a ser adolescente, ellos se darán por vencidos y dirán: "No entiendo a ese muchacho. Le hemos enseñado a distinguir entre lo bueno y lo malo, lo hemos llevado a la iglesia, y le hemos dado lo que quiere, pero nos trata como si fuéramos sus enemigos. Hemos hecho lo mejor que podíamos hacer. Ahora está en las manos del Señor."

Esta madre no ha trenzado los hilos del respeto mutuo. Las semillas que se han sembrado a los dos años llevarán fruto a los catorce.

PADRES PROBLEMÁTICOS

Padres, si tienen problemas con sus hijos, deben saber que no están solos. Sus hijos también tienen problemas con ustedes. Va a ser preciso hacer cambios en su propia vida para poderles ayudar a ellos. Como ustedes son los que están leyendo este libro y no sus hijos, y como ustedes tienen más experiencia que ellos, y como Dios no dijo: "Hijos, criad a vuestros padres," la responsabilidad descansa exclusivamente sobre ustedes.

ROMPIENDO HILOS

Recuerdo haber observado el rostro de uno de mis hijos, consciente de que yo había cortado los hilos de la confianza y el compañerismo. Era triste ver cómo se soltaban las amarras y él se quedaba a la deriva. En aquel tiempo yo no había formulado la terminología, ni siquiera había reconocido el principio, pero me daba cuenta de que se había abierto una brecha. La grieta se ensanchaba. La culpa era mía. Lo había presionado demasiado, había sido demasiado exigente, y luego lo había criticado cuando no rindió conforme a mis expectativas. Cuando, como una tortuga, se refugió en su caparazón, comprendí que me había desechado. Había decidido vivir sin mí. La relación con su padre era demasiado dolorosa.

Yo no sabía cómo definirlo, pero siendo totalmente responsable por su crianza, sabía que era mi responsabilidad. Inmediatamente le pedí perdón, cambié mi actitud, corregí mi crítica, encontré lo bueno en lo que él había hecho, y sugerí una excursión emocionante. Me costó varios días de ser sensible, equitativo, justo y amable para restaurar completamente los hilos del compañerismo. Él rápidamente me perdonó y fuimos restaurados, una vez que los hilos habían sido trenzados.

QUE DIOS AYUDE A LOS PADRES

"Y vosotros, padres, no provoquéis a ira a vuestros hijos, sino criadlos en disciplina y amonestación del Señor (Efesios 6:4)." El padre que bromea con sus hijos hasta hacerlos enojar, debe esperar que ellos hagan lo mismo con los que son más pequeños que ellos. En más de una ocasión al estar jugando a las luchas con mis hijos, me he dado cuenta de que me estoy divirtiendo a costa de ellos (Eso era cuando yo estaba más grande que ellos). Ellos me tenían que recordar que me sujetara a las mismas reglas que ellos.

Padres, no tomen esto a la ligera. Si haces que tu hijito se enoje mientras tú te estás divirtiendo, estás criando a un desconsiderado. Después de todo, ¿no lo estabas tratando con desconsideración a él? El enojo que has provocado en él se acumulará hasta que él lo pueda descargar con otro más pequeño que él mismo. Ese enojo sólo puede ser eliminado si él te perdona a ti. Y no puede perdonar hasta que vea tu arrepentimiento.

Si tu hijo tiene una raíz de amargura, tú tienes que ejercer un ministerio de restauración. Tu corazón y tu mente deben estar totalmente entregados a Dios, o estarás perdiendo el tiempo. No te quedará más que tratar de evadirlo. Él se estará criando solo. Sus posibilidades no serán buenas, pero no aumentes su amargura haciendo el papel de hipócrita. Ya es bastante difícil triunfar en este mundo impío aun cuando se cuenta con un buen apoyo. Para un niño lleno de amargura que además enfrenta el mundo solo, no hay muchas esperanzas. Quizá la madre pueda ser la solución. A veces el muchacho simplemente aísla al padre por el cual sólo siente desprecio, y así se relaciona con su madre de tal manera que le pudiera permitir un desarrollo normal.

Padre, si te interesa más el alma de tu hijo que tu propio orgullo, entonces humíllate y pídele perdón (aun cuando el niño sólo tenga dos años). Luego sé un padre y marido paciente. Pasa tiempo con tu hijo haciendo cosas creativas. Eso le hace a él sentir que vive una gran aventura y se siente realizado. No puedes conducir a tu hijo más cerca a Dios, a la paz y a la disciplina, de lo que estás tú mismo.

¿QUÉ PUEDO HACER AHORA?

Trenza algunos hilos. Debes estar unido con tu hijo para poderlo entrenar. Confiesa tus fallas a Dios y a tu hijo. Pide a tu hijo que te perdone por tu enojo y tu indiferencia. Al principio él sospechará que sólo es una táctica manipuladora de parte tuya, y guardará su distancia. Pero cuando vea que eres sincero, responderá con perdón. Inicia el proceso de reconstrucción inmediatamente.

No invadas ni aplastes a tus hijos con emociones ni con una nueva filosofía. Sé su amigo. Haz con ellos cosas que disfrutan. Muestra interés en las cosas que les interesa a ellos. Sé más presto para escuchar que para hablar. Sé muy sensible a lo que les preocupa. Ata hilos hasta que hayas ganado su respeto y honra. Si ellos perciben que te caen bien y que los disfrutas, te pagarán con la misma moneda. Cuando tú les caes bien, desearán agradarte y estarán abiertos a tu disciplina.

La cuerda más fuerte de la disciplina no se encuentra en el látigo; más bien se encuentra en el hecho de trenzar hilos de amor, respeto, honra, lealtad, admiración y cuidado mutuos. Esta es la diferencia entre ser "guiados por el Espíritu" y "estar bajo las obras de la ley." La ley nos da dirección, pero sólo el espíritu de la gracia nos da poder. Si cultivas compañerismo con tu hijo, habrá tanta colaboración y sujeción que olvidarás donde dejaste la vara la última vez.

CAMINANDO EN LA LUZ DEL PADRE

Recuerdo un incidente que ocurrió cuando yo tenía sólo cuatro años de edad. Éramos varios niños pequeños que íbamos caminando atrás de unas casas, cuando uno de ellos sugirió que lanzáramos piedras a una ventana.

Aún recuerdo lo que vino a mi mente. Mientras contemplé la sugerencia, vi el rostro de mi padre. Él nunca me había dicho que no rompiera ventanas, pero yo sabía que no le agradaría. No tenía ninguna ley que me gobernara, pero tenía la presencia de mi padre para guiarme. No era el temor al castigo ni al regaño lo que me motivaba. Era el temor de perder la comunión con mi padre lo que me condujo por la senda de justicia. Agradarle a él y disfrutar de su aprobación era mi más grande deseo. Me aparté del grupo que rompía ventanas para caminar en la luz de mi padre.

Mi padre no era perfecto. Ni siquiera era el mejor de los cristianos, pero yo aún no estaba consciente de eso a los cuatro ni a los diez años de edad. Para mí él era la ley y la gracia. A medida que crecí, llegué lentamente (a veces con desconcierto), a verlo como un miembro más de la raza humana, con sus respectivas luchas. Aun así, nunca abandoné ese deseo de agradarle.

A medida que menguaba mi confianza en él, crecía mi confianza en Dios. Conforme mi fe se iba transfiriendo a Dios (como debe ser), descubrí que seguía siendo motivado, no por la ley ni el temor al infierno, sino por el rostro de mi Padre Celestial. Hoy mi camino está doblemente iluminado.

Padres, por encima de todo lo demás, deben cultivar esta clase de relación con su hijo. Es algo penoso pecar contra tu mejor camarada. Si puedes conservar esta clase de enlace con tus hijos, jamás tendrás un hijo problemático. Deb y yo criamos cinco hijos sin que ninguno de ellos jamás se rebelara contra nuestra autoridad.

VER A DIOS EN PAPÁ Y MAMÁ

Cuando el niño es pequeño, sus padres son el único "dios" que él conoce. A medida que despierta a las realidades Divinas, es a través de su padre terrenal que entiende a su Padre Celestial. Padres (y madres también), ustedes son la ventana a través de la cual su hijo pequeño entiende a Dios. El niño descubre el carácter de Dios, observando a sus padres. No es necesario que los padres sean perfectos, sino sólo una representación equilibrada de la personalidad de Dios. Todo lo que Dios es, en carácter y en gobierno, lo deben exhibir los padres dentro de los límites de su humanidad. No es necesario que los padres sean omnipotentes, basta que sean la fuente de fortaleza para el niño. No tienen que poseer toda sabiduría, sino sólo ser suficientemente sabios para guiar al niño y merecer su admiración. Los padres no tienen que ser impecables, solamente mostrar un compromiso con la piedad. Al ver que sus padres dependen humildemente de Dios y le aman, el niño amará y honrará a Quien sus padres aman, porque ama y respeta a sus padres.

De la misma manera que el niño se relaciona con la figura de autoridad paterna, así tenderá a relacionarse posteriormente con Dios. Si los padres permiten que sus órdenes sean tomadas a la ligera, el niño tomará a la ligera también los mandamientos de Dios.

En el otro extremo, los niños que tienen padres crueles generalmente crecen espantados ante el Padre Celestial, mientras que aquellos que han sido disciplinados para enseñarles a obedecer en amor a su padre terrenal, estarán más prestos a obedecer a su Padre Celestial.

PUEDES TRENZAR HILOS

Si percibes que han sido rotos los hilos del compañerismo, será deseable trenzar hilos nuevos. Las siguientes son sólo algunas sugerencias respecto a la manera de trenzar hilos:

• Lo primero y más importante, miren a sus hijos con placer y sonrían.

• Disfruten su compañía y demuéstrenlo invitándolos a acompañarles cuando la única razón es el deseo de tenerlos con ustedes. Con los chicos, lean un libro o vean fotografías juntos.

• Siéntense en el piso y jueguen. Rueden, rían y háganse cosquillas.

• Sáquenlos a excursiones de aventura, emoción y "peligro."

• Den un paseo de diez minutos al jardín para ver lo que ellos han creado.

• Permitan que ellos les lleven al columpio para presumir sus últimos trucos.

• Hagan un cometa (papalote) o construyan juntos un alimentador para aves.

• Mamá, enseña a tus hijos a hacer todo lo que hay que hacer en la casa. Haz que sea una experiencia divertida. No aproveches a los muy pequeños como esclavos, o se agotarán. Permite que hagan galletas desde los tres años de edad. Cuando estás cosiendo, deja que los pequeños se sienten en el piso y recorten ropita para muñecos. Cuando estés pintando, permiten que ellos den algunos brochazos.

• Papá, involucra a tus hijos en el papel varonil de protector y proveedor. Si pueden caminar, pueden meter la despensa a la casa o traer leña. Presume sus logros.

La idea es que ellos sientan que son muy especiales para ti, y que sepan que tú encuentras gran satisfacción y deleite en compartir con ellos. Si organizas tu vida de tal manera que tus hijos se sientan necesarios, ellos desearán andar en armonía contigo.

CAPÍTULO 5

La Vara

"AMO DEMASIADO A MI HIJO COMO PARA PEGARLE"

Observé a una madre que intentaba en vano que su hijo inconforme obedeciera una orden sencilla. Pero él estaba demasiado ocupado con sus quejumbres, lloriqueos y enojos. Los berrinches rebeldes del pequeño tirano dejaron a la madre agotada y malhumorada. Ella seguía suplicándole como si estuviera tratando de recordar lo que había aprendido respecto a la "afirmación positiva" y lo de no "sofocar su expresión personal."

Como observador objetivo, interesado únicamente en la felicidad y el bienestar del niño, le dije a la madre: "¿Por qué no le da unos varazos para hacerlo feliz?" Escandalizada, contestó: "Ah, ya se le pasará. Sólo es una etapa por la que está pasando."

Si ella realmente cree que esta es sólo una etapa natural (una condición de la que Juanito no es responsable), ¿por qué se enfurece tanto en ocasiones, exigiendo una conducta o una actitud diferente? Esta madre, mientras lo excusa y espera "pacientemente" que la "etapa" se le pase, y muy a pesar de la filosofía que expresa verbalmente, en realidad sí culpa al niño. En lo más profundo, ella sabe que él podría (y debería) ser muy diferente. La crítica y el rechazo que él siente por la desaprobación de su madre y del público en general, lo alinea contra la autoridad.

Hemos llegado al punto donde resulta pertinente hacer algunos comentarios acerca del uso de la vara. Hablemos acerca de las nalgadas, a veces llamadas "varazos." *"El que detiene el castigo, a su hijo aborrece: más el que le ama, desde temprano lo corrige (Proverbios 13:24):"* Lo que Dios dice es exactamente lo contrario de lo que muchos padres y educadores sienten. El pasaje afirma claramente que la falta de aplicación de la vara se debe a que los padres aborrecen al hijo. "¡No!" exclama una madre, "Yo amo demasiado a mi hijo como para pegarle." El padre o la madre que responde de esta manera no comprende: 1) la autoridad de la Palabra de Dios, 2) la naturaleza del amor, 3) sus propios sentimientos, 4) el carácter de Dios, 5) las necesidades del niño.

1. Entendimiento de la autoridad de la Palabra de Dios

El mismo Dios que dijo: *"Dejad a los niños venir a mí y no se lo impidáis... (Marcos 10:14),"* también dijo:

- *"Castiga a tu hijo en tanto que hay esperanza, mas no se apresure tu alma para destruirlo (Proverbios 19:18)."*

- *"El que detiene el castigo, a su hijo aborrece; mas el que lo ama, desde temprano lo corrige (Proverbios 13:24)."*

- *"La necedad está ligada en el corazón del muchacho; mas la vara de la corrección la alejará de él (Proverbios 22:15)."*

- *"No rehúses corregir al muchacho; porque si lo castigas con vara, no morirá. Lo castigarás con vara, y librarás su alma del Seol (Proverbios 23:13-14)."*

- *"La vara y la corrección dan sabiduría; mas el muchacho consentido avergonzará a su madre (Proverbios 29:15)."*

- *"Corrige a tu hijo, y te dará descanso, y dará alegría a tu alma (Proverbios 29:17)."*

2. Entendimiento de la naturaleza del amor

Puede ser que tengas sentimientos fuertes que te impiden pegarle a tu hijo, pero no es amor. El Dios que hizo a los niñitos, y por tanto sabe lo que más les conviene, ha ordenado a los padres que usen la vara en el entrenamiento de sus hijos. Abstenerse de hacerlo, alegando amor, es una acusación contra Dios mismo. Tus acciones presuponen que Dios no desea lo mejor para tu hijo, o que tú sabes más que Él.

Padres, deben identificar la diferencia entre verdadero amor y sentimentalismo. El sentimentalismo humano natural (que frecuentemente se confundo con el amor), puede ser dañino si no se sujeta a la sabiduría. El amor no es sentimiento. Es decir, amor no es el sentimiento profundo que frecuentemente tenemos en relación con los más allegados a nosotros. Esos sentimientos pueden ser, y frecuentemente son, interesados.

En realidad el amor no es una emoción. El amor, en el sentido más puro, es buena voluntad y buenas acciones para con tus semejantes. El verdadero amor es desinteresado. Es decir que en el acto de amar no existe ninguna consideración del beneficio personal ni de la pérdida personal.

3. Entendimiento de nuestros propios sentimientos

La madre emocionalmente débil, frecuentemente apetece la dependencia total de su hijo para sentirse realizada ella misma. Ella satisface una profunda necesidad propia al consentir constantemente cada deseo del niño. La pasión abrumadora por el niño, que ella confunde con amor, es demasiado sagrada como para violarla pegándole al niño. La inseguridad de ella hace que considere únicamente lo que percibe como pérdida para sí misma por el acto de azotar. Teme hacer cualquier cosa que pudiera ocasionar que el niño la rechace. No la motiva el amor por el niño, sino el amor propio. Su propia debilidad emocional asume prioridad sobre las necesidades de su hijo.

La lastimera expresión de traición en sus pobres ojitos le desgarran el corazón. Le dolería demasiado a ella obedecer a Dios en cuanto al entrenamiento de su hijo. Debido a su temor al sufrimiento emocional personal, evita el uso de la vara. *"El que detiene el castigo, a su hijo aborrece; mas el que lo ama, desde temprano lo corrige (Proverbios 13:24)."*

En su propia necesidad, es tan ingenua como para pensar que su "dulzura" de niño superará esta "etapa" para llegar a ser una persona maravillosa. Ella piensa: "Sólo hay que darle más amor y un poco más de tiempo; él todavía no entiende." El verdadero amor es olvidar tus propias necesidades y hacer lo que le conviene al niño. Si una madre asfixia a su bebé al besarlo, no lo ha amado.

Su propia ira pudiera hacer que desconfíe de sus motivaciones al pegarle al niño. (Véase el capítulo 3, EL ENOJO DE LOS PADRES.) Por otra parte, sus temores pudieran remontarse a sus recuerdos de un padre tiránico e irrazonable. Quizá ella ha jurado: "Jamás seré como mi padre. Amaré a mis hijos. Ellos no me tendrán miedo como yo temía a mi padre." El padre no sólo le hizo daño a ella, sino que ahora les está haciendo daño a los hijos de ella, debido a la reacción de ella hacia el extremo contrario.

En ocasiones los recuerdos del pasado hacen que una madre sienta profunda aprehensión cada vez que el padre les pega a los niños. La madre que ha sido condicionada para asociar enojo con disciplina, atribuye una motivación de ira a todo el que le pega a un niño. El niño percibe el deseo de la madre de protegerlo, y llora por ella cada vez que el padre intenta disciplinar. En las ocasiones que el padre sí disciplina al muchacho, el hecho de que el niño sepa que ella no está de acuerdo, impide que la disciplina sea eficaz y hace que el niño se vuelva chantajista. Es tiempo de dejar de reaccionar contra el pasado y empezar a actuar como Dios y la buena razón mandan.

Algunos padres evitan el uso de la vara debido a la presión de grupo. Posiblemente difieran con sus propios padres respecto al entrenamiento de los hijos. En la actualidad los padres son bombardeados por propaganda, supuestamente basada en los últimos descubrimientos de la sicología, que denigran los preceptos bíblicos para la crianza de los hijos. Se avergüenza a los padres y se les intimida respecto a la aplicación de la disciplina.

4. Entendimiento del carácter de Dios

El padre que se justifica por no usar la vara con el pretexto de que ama demasiado a su hijo, no ha entendido el carácter y los métodos de Dios para con su pueblo.

Se ha insinuado al pensamiento cristiano un concepto torcido. Es el siguiente: "Como Dios es amor, no discrimina, ni exige, ni es vengativo." En esencia consideran que el amor de Dios es incompatible con la justicia de Dios. A ellos les parece que tiene que ser una cosa o la otra. Existe la percepción vaga de que en otro tiempo Dios fue vengativo, pero que ahora es pasivo, tolerante y ecuménico—el Padre Universal. Se le ha despojado a Dios de su personalidad balanceada y se le ha definido en forma inofensiva. El Cielo es bien recibido; el infierno es sospechoso. *"No juzguéis,"* el versículo más popular de toda la Biblia, se cita como para insinuar que ni Dios mismo tiene derecho ya a discriminar entre lo bueno y lo malo.

Con todo lo que Dios ama, también es santo, justo y veraz. Es por su amor a la justicia que Él viene *"en llama de fuego, para dar retribución a los que no conocieron a Dios, ni obedecen al evangelio de nuestro Señor Jesucristo (II Tesalonicenses 1:8)."* De ninguna manera se puede considerar que sea una virtud escoger un lado del carácter de Dios como modelo para nuestras acciones mientras rechazamos el otro lado.

DIOS CASTIGA A SUS HIJOS

Los que se justifican por no usar la vara, alegando que sus acciones son más justas, implícitamente están censurando a Dios. *"Porque el Señor al que ama, disciplina, y azota a todo el que recibe por hijo. Si soportáis la disciplina, Dios os trata como a hijos; porque ¿qué hijo es aquel a quien el padre no disciplina? Pero si se os deja sin disciplina, de la cual todos han sido participantes, entonces sois bastardos, y no hijos. (Hebreos 12:6–8)."*

Luego dice que Él nos disciplina *"...para lo que nos es provechoso, para que participemos de su santidad (Hebreos 12:10)."* ¡Qué afirmación tan profunda! Dios no tiene ningún hijo que se escape del castigo (*"todos han sido participantes"*). Y, ¿dejó de amar a aquellos a quienes castigó? Al contrario, el amor fue lo que motivó la disciplina. Sólo mediante el castigo podían sus hijos participar plenamente de su santidad. Lo hace *"...para lo que nos es provechoso."*

"Es verdad que ninguna disciplina al presente parece ser causa de gozo, sino de tristeza... (Hebreos 12:11)." El castigo de Dios es un doloroso "latigazo." Nuestros *"padres terrenales nos disciplinaban como a ellos les parecía... (Hebreos 12:9, 10)."* La Escritura no sólo aprueba el castigo físico, sino que lo promueve como un medio para desarrollar santidad, siempre que se administre para el *"provecho"* del hijo.

El castigo se presenta como una evidencia segura del amor: *"Porque el Señor al que ama, disciplina."* Si alguno no recibe disciplina, no sólo es evidencia de que no es amado, sino de que es *"bastardo."* De modo que vemos que es el amor de Dios por nosotros lo que motiva sus actos de disciplina. De ahí, nuestro pasaje original en *Proverbios 13:24: "El que detiene el castigo, a su hijo aborrece; mas el que lo ama, desde temprano lo corrige."*

Si el amor de Dios se expresa en los "azotes" que administra, entonces, ¿no será posible que amemos a nuestros hijos lo necesario como para castigarlos para producir santidad? Oí a un joven rebelde que dijo: "Si tan sólo me amaran lo suficiente como para pegarme."

Recientemente una madre nos contó que después de apretarles a sus hijos con el uso de la vara, uno de ellos dio gracias a Dios por hacer que su mamá fuera más tierna. El aumento de los azotes había disminuido la desobediencia, logrando que el hijo tuviera mayor armonía con su madre. Él interpretaba esto como tener una madre más tierna, porque tres varazos al día son mucho menos extenuantes que cincuenta gestos de desaprobación.

5. Entendimiento de las necesidades del niño

La naturaleza misma del niño hace que la vara sea un elemento indispensable para su entrenamiento y disciplina. Haremos un resumen de los comentarios previos sobre la naturaleza del niño (capítulo 2) y luego sacaremos algunas aplicaciones prácticas importantes.

RESUMEN: *"Se descarriaron hablando mentira desde que nacieron (Salmo 58:3)."* Un bebé tiene necesidades auténticas de alimento, caricias, y comodidad física. Pero muy pronto descubre que si representa falsamente sus necesidades, consigue satisfacer también sus deseos. Se encuentra en las primeras etapas del desenfreno total. Pero, debido a la inmadurez de su alma, Dios no toma sus mentiras como pecado. *"Y al que sabe hacer lo bueno, y no lo hace, le es pecado (Santiago 4:17)."* *"Pero donde no hay ley, no se inculpa de pecado (Romanos 5:13)."* Al bebé, *"que no sabe lo bueno ni lo malo (Deuteronomio 1:39),"* no se le tiene por responsable por su incumplimiento de la ley. No obstante, los bebés sí mienten respecto a su condición y sus necesidades. Y los niños producen una multitud de pensamientos y actos motivados por su egoísmo, que al desarrollar un *"conocimiento del bien y del mal,"* constituirán un *"cuerpo de pecado."* Aun cuando en este momento no son culpables, conforme madura su entendimiento moral, despertará su conciencia, y tendrán que rendir cuentas.

Tu hijo posee un cuerpo de carne débil. Los impulsos que Dios ha puesto en él por satisfacer las necesidades y los apetitos físicos, constituyen una oportunidad constante para la codicia. El impulso mismo no es pecado. El deseo de la carne es natural *(Deuteronomio 12:15)*. Pero cuando uno es *"atraído y seducido por su propia concupiscencia,"* y la concupiscencia concibe en su oportunidad, *"da a luz el pecado (Santiago 1:14,15)."*

No puedes evitarle a tu hijo las pruebas que le vendrán a causa de su cuerpo de carne, pero sí puedes entrenarlo en dominio propio, para que no desarrolle hábitos de desenfreno. La vara es el medio divino para conseguirlo. *"La vara y la corrección dan sabiduría... (Proverbios 29:15)."*

Entiende que no estamos diciendo que al niño se le pueda hacer cristiano mediante el entrenamiento. Sólo que su mente y cuerpo deben ser desarrollados hasta su máximo potencial de disciplina natural. Si elevas sus normas y logras que estime la verdad y la pureza, estarás auxiliando al Espíritu para que lo redarguya de pecado, comprendiendo así su necesidad de un Salvador. Este es el uso legítimo de la ley.

SENTIMIENTOS NEGATIVOS

El entender el desarrollo del niño nos ayuda a entender nuestro papel en el entrenamiento. La auto complacencia y el espíritu no gobernado producirán insatisfacción emocional en el niño, lo mismo que en el adulto. Un niño indisciplinado se sentirá inseguro. La falta de dominio propio produce ira. El no obtener lo que uno quiere produce auto compasión. La codicia insatisfecha produce desasosiego. Sentimientos de trato injusto precipitan la amargura. Por estas razones tanto el niño como el adulto tienen una necesidad innata de ser gobernados. Fuimos creados para vivir bajo un gobierno. Es parte de nuestra naturaleza humana. De lo contrario, se producirá una falta de propósito y de identidad. *"El muchacho dejado por su cuenta avergüenza a su madre. (Proverbios 29:15)."* (VRVA)

INTIMIDACIÓN

La reacción común de los padres frente a un hijo desobediente es regañarlo, avergonzarlo, o quitarle algún privilegio. Quizá sus padres lo envíen a su cuarto, o lo sienten en un rincón, lo jaloneen y le den unas cuantas cachetadas. Concluyen con una amenaza y lo despiden frunciendo el ceño. El niño que es maltratado de esa manera no quedará liberado de su culpabilidad ni de su rebeldía. Al contrario, será provocado a reaccionar con ira e inventar pretextos. Las acusaciones, las amenazas, y la ridiculización que equivalen a intimidación, pudieran lograr que el niño se someta provisionalmente, pero aún tendrá su corazón impuro y se mancha su auto imagen. Pudiera caer en un patrón de desprecio de sí mismo.

CULPABILIDAD Y AUTO DESPRECIO

El niño más pequeño, sabiendo que no ha hecho lo que debe, experimenta culpa. La culpa es una auto acusación involuntaria. Significa que el alma se conoce a sí misma y no le gusta lo que ve. Aun cuando las facultades anímicas del niño no están completamente operativas, no obstante, el niño que viola su conciencia naciente, llega a estar cargado de culpabilidad, y si se le deja desatendido, llega a aborrecerse a sí mismo.

En la extraordinaria ignorancia de la sicología moderna, muchos sostienen la suposición de que el principal problema del hombre es que no se ama a sí mismo. Esto se debe a una falta de entendimiento de la relación entre el sentimiento de auto desprecio que procede de la culpabilidad, y la motivación suprema del amor propio. Tragándose la "sabiduría" secular, los padres mal dirigidos intentan fortalecer la auto imagen del niño mediante "afirmación positiva." Da asco ver a los padres tratando de purificar a sus hijos de culpabilidad mediante palabras dulces pero vacías.

Nadie necesita ser motivado a amarse a sí mismo. Desde la creación nos amamos a nosotros mismos por naturaleza. Pensamos en términos de lo que nos beneficiará a nosotros. *"Porque nadie aborreció jamás a su propia carne, sino que la sustenta y la cuida (Efesios 5:29)."*

Por naturaleza todo ser humano valora la rectitud y la espera de sí mismo. Cuando no logras alcanzar tus propias normas, caes en auto censura y culpabilidad. El espíritu humano, dado por Dios, viene equipado con un juez divino, residente—la conciencia. La conciencia no es más que la mente conociéndose a sí misma.

Mientras más valore uno su propia bondad (amor por sí mismo) mayor será su propio desprecio (culpabilidad) cuando no alcanza sus metas en cuanto a hacer lo bueno. El subsecuente odio por sí mismo no es más que el auto reproche por no haber beneficiado a la persona a quien más ama: A SÍ MISMO.

El niño o el adulto que se aborrece a sí mismo es aquel cuya conciencia lo está condenando por no cumplir con los ideales del amor propio. La auto censura se basa en el amor a sí mismo. Entre más se ame uno a sí mismo, más se aborrece a sí mismo. Si uno se aborreciera a sí mismo de verdad, encontraría gran satisfacción en sus propios fracasos. Cuando un niño se aborrece a sí mismo, se está censurando por violaciones conocidas de su conciencia y por no vivir a la altura de sus propias normas. No podremos sacar a ningún niño del abismo de la auto condenación con sólo amontonar sobre él elogios vacíos. No lo podremos engañar con eso.

CULPABILIDAD

Sólo habrá culpabilidad cuando uno honestamente se juzga digno de acusación. Uno pudiera convencerse indebidamente de una responsabilidad, pero la culpabilidad no deja de ser la auto incriminación por un acto que se percibe como malo. La conducta mala acarrea culpabilidad. Lo mismo sucede con el rechazo o la ridiculización, si el niño se llega a convencer de que él es el que está mal.

Los padres emocionalmente inestables a veces usan la culpabilidad para manejar a sus hijos. Padres que intentan avergonzar o humillar a sus hijos para que hagan lo correcto podrán conseguir que el niño temporalmente se someta. Pero la obediencia que procede de la desesperanza de la culpabilidad sólo profundiza la culpabilidad, alejando al niño aún más del contacto con el verdadero arrepentimiento y la restauración.

La culpabilidad nunca restaura por sí misma. Es decir, no tiende hacia acciones menos dignas de censura. Por el contrario, el alma culpable está esclavizada por cualquier tentación. La culpabilidad lo coloca a uno fuera del alcance de los frenos sicológicos normales. La desesperanza de la culpabilidad elimina la motivación para hacer lo correcto. La congoja producida por el fracaso abate lo que uno espera de sí mismo. La culpabilidad abate la auto estima hasta el punto en que uno no espera más que el fracaso.

Esta realidad ha hecho que muchos sicólogos modernos vean la culpabilidad misma como el problema. Ver la culpabilidad como si fuera la enfermedad es como tratar el dolor de muela pero no tratar la muela misma.

La culpabilidad es parte esencial de nuestro "yo" natural, moral. Sin ella seríamos como detectores de humo sin alarma. Pero la culpabilidad es sólo un medio para llegar a un fin, una condición temporal. Es el dolor del alma, como cuando tocamos algo caliente, diseñado para advertirnos que debemos cambiar nuestras acciones. Es una gran bendición sentir culpabilidad genuina. Es una señal de vida, una respuesta sana.

Frecuentemente vemos que las almas culpables que se han resignado a su condición, se imponen dolor y sufrimiento a sí mismas. Este auto abuso es un intento inconsciente de "pagar los platos rotos." La conciencia está indeleblemente marcada con la convicción de que el pecado merece castigo. Intuitivamente sabemos que la maldad no sólo merece, sino que un día recibirá su castigo. Desde el más temprano despertar de la conciencia, el niño es presa de esta realidad. Sigue siendo una de las presuposiciones básicas de la vida.

La culpabilidad es el testigo principal de la justicia en contra del pecador. Si el problema de la culpa no se resuelve, encadenará al condenado en la miseria eterna de sus pecados. Como un celoso y aguerrido fiscal, la conciencia no abandonará su caso mientras no se asegure de que se haya hecho la justicia. Un alma culpable es aquella que siente que merece un castigo proporcional a la ofensa. Esta es una realidad sicológica. El alma cargada de culpa clama pidiendo los "latigazos" y los "clavos" de la justicia. Es por eso que el alma del hombre jamás descansará mientras la conciencia no haya sido purificada mediante la mirada de fe hacia el Cordero de Dios crucificado y sangrante.

El cristiano es liberado de su culpabilidad mediante el Salvador quien llevó la maldición de sus pecados, pero sus hijos aún no pueden entender que el Creador ha sido azotado y clavado en el lugar de ellos. Sin embargo, no es necesario que los padres esperen hasta que sus hijos tengan edad para comprender la muerte vicaria de Cristo para limpiar a sus hijos de culpa. Dios ha provisto a los padres una herramienta con la que pueden limpiar la culpabilidad de sus hijos—la vara de la corrección.

Observé a un niño pequeño quien, al ser sorprendido en una maldad, volvió la espalda hacia sus padres, se bajó el pañal, y se dió tres palmadas en el trasero descubierto. La ofrenda, aunque simpática, no fue aceptada. Debe ser el legislador quien administre esta clase de castigo para que elimine eficazmente la culpa. El niño no conoce sino un solo legislador—sus padres.

No sigan la filosofía moderna de tratar de eliminar culpabilidad adulterando las normas o inflando con falso valor al niño culpable. Mantén elevadas las normas—a la altura de Cristo. Deja que venga la culpabilidad, y mientras el niño aún es demasiado pequeño para entenderlo, purga su culpabilidad por medio de la vara. Cuando finalmente llegue el entendimiento, asimilará fácilmente los principios de la cruz.

EL PODER DE LA "ABSOLUCIÓN"

Los padres tienen en sus manos (en la forma de una varita) el poder para absolver al niño de su culpa, limpiar su alma, instruir a su espíritu, fortalecer su voluntad y permitirle comenzar de nuevo con la confianza de que toda deuda está pagada. *"Los azotes que hieren son medicina para el malo, y el castigo purifica el corazón (Proverbios 20:30)."* *"El corazón"* es una descripción de las sensaciones físicas que se asocian a la culpabilidad.

Se dice que los flagelos *("azotes" Hebreos 12:6)* son para el alma lo que es la restauradora irrigación sanguínea para una herida. El niño que es vareado correcta y oportunamente es sanado en su alma y restaurado a una integridad de espíritu. Mediante el uso correcto de la vara es posible apartar a un niño del camino que conduce al infierno. *"No rehúses corregir al muchacho; porque si lo castigas con vara, no morirá. Lo castigarás con vara, y librarás su alma del Seol (Proverbios 23:13-14)."*

Padre, como sumo sacerdote de la familia tú puedes conducir a tu hijo a una nueva vida. La culpabilidad concede a Satanás una tarjeta de presentación y una puerta de acceso a la vida de tu hijo. En combinación con la enseñanza, los azotes correctamente administrados pueden restaurar como ninguna otra cosa lo puede hacer.

Una nalgada (azotada, vareada o cintarazo) es indispensable para la eliminación de la culpabilidad de tu hijo. Su conciencia misma (naturaleza) exige castigo.

LA VARA RECONFORTANTE

¿Tú consuelas a tu hijo con la vara? Si no has visto la vara como un consuelo para tu hijo, no has comprendido su propósito. *"Tu vara y tu cayado me infundirán aliento (Salmo 23:4)." "...Yo le castigaré con vara de hombres... (II Samuel 7:14)." "Entonces castigaré con vara su rebelión, y con azotes sus iniquidades (Salmo 89:32)."*

David, que sintió la vara de la corrección de Dios y que fue castigado por su transgresión, encontró consuelo en la disciplina divina. La vara era un consuelo para él. Le aseguraba que Dios tenía control, interés, amor y compromiso. Los niños necesitan saber que alguien tiene el control.

"Castiga a tu hijo en tanto que hay esperanza, mas no se apresure tu alma para destruirlo (Proverbios 19:18)." El uso correcto de la vara trae nueva esperanza a un hijo rebelde. Se les exhorta a los padres que no permitan que el llanto del niño los haga aflojar la intensidad ni la duración de la vareada. Los sentimientos de los padres pueden obstaculizar una purificación completa.

El niño que no recibe castigo, no sólo está inquieto e irritable en su propio espíritu, sino que trastorna todo el hogar. *"Corrige a tu hijo, y te dará descanso, y dará alegría a tu alma (Proverbios 29:17)."*

HA OCURRIDO UN MILAGRO AQUÍ ESTA NOCHE

Recientemente una pareja joven con cinco hijos vino a buscar nuestro consejo. La esposa se había enfriado en relación a su marido y era irritable con sus tres hijos menores de cinco años. "A veces siento que me vuelvo loca. No quiero tener más hijos," dijo ella abruptamente.

Se quedaron en nuestra casa un par de días, sometiéndose a un escrutinio. Después de recibir un poco de enseñanza acerca de la constancia en el entrenamiento y el uso correcto de la vara, se fueron a casa a intentarlo. Dos semanas más tarde estuvieron en una reunión de iglesia donde yo estaba predicando. Sus hijos estaban todos sentados con ellos, sin moverse para nada. Después el padre, con los ojos llenos de asombro, exclamó: "Ha ocurrido un milagro aquí esta noche, y nadie parece haber tomado nota." Mientras yo buscaba a mi alrededor muletas abandonadas, él prosiguió: "Toda una reunión sin un solo murmullo. ¡No lo puedo creer!" Un poco de entrenamiento y disciplina con la vara, y los niños les dieron *"reposo"* y *"deleite."* Además los niños obviamente estaban más contentos. Posteriormente la madre dijo: "Ahora creo que me gustaría tener más hijos."

LA VARITA MÁGICA

No veas la vara como arma defensiva o como muestra de fuerza, debes verla como una "varita mágica." Cuando los padres ven por primera vez sus poderes restauradores, se quedan asombrados. No deja de asombrarme la fuerza de la pequeña vara.

Imagina a un niño de cualquier edad que está molesto, quejumbroso, y fastidiando a otros niños. Al mirarlo, lo único que ves es la cara posterior de su labio inferior. Nada ha dado resultado. El muchacho siente que vive en territorio extranjero, ocupado. Obviamente trama el día en que pueda despojarse de su yugo de esclavitud. Si se le soborna, amenaza o golpea, sólo se vuelve peor. Si no usas la vara con el hijo, estás creando un "Nazi." Después de una breve explicación respecto a las malas actitudes y la necesidad de amar, aplica la vara calmada y pacientemente a su trasero. De alguna manera, después de ocho o diez varazos, el veneno se transforma en amor efusivo y contentamiento. El mundo se convierte en un lugar hermoso. Surge un niño totalmente nuevo. Hace que el adulto contemple la vara con asombro, tratando de explicarse qué clase de magia contiene. <u>Dios no hubiera ordenado a los padres que usen la vara si no fuera para el bien del niño.</u>

LA VARA, NO EL RINCÓN

Conozco a un niño que no recibe varazos cuando hace un berrinche o desobedece. Parece que le deleita hacer lo que se le prohíbe. Entre más se rebela, más cruel y culpable se vuelve. Como castigo se le pellizca o lo sientan en un rincón, o en ocasiones lo encierran en un closet oscuro. Al salir está más furioso que nunca. Sería capaz de infundir temor a un dragón lanza-fuegos.

Sentado en un rincón, se le oyó decir: "Nadie me quiere. Soy tan malo como el Diablo. Nunca hago nada correctamente." A este muchachito lo están criando para que ocupe su lugar en una celda de cárcel. Los rincones oscuros y los closets oscuros engendran oscuridad en el alma. Un cuarto vacío y un niño enfurruñado incuban culpabilidad y enojo. Sólo la vara y la represión traen corrección. De alguna manera los niños saben que la vara es lo que justamente merecen.

La vara es un regalo de Dios; úsalo como la mano de Dios para entrenar a tus hijos.

CAPÍTULO 6

Utilización de la Vara

LO QUE ES MI DEBER

Cuando llegue el momento de aplicar la vara, respira profundo, relájate, y ora: "Señor, haz que ésta sea una valiosa sesión de aprendizaje. Limpia a mi hijo de todo mal genio y rebeldía. Permite que yo represente dignamente la causa tuya en este asunto." No te apresures ni levantes la voz. El niño debe poder prever la llegada de la vara por tu absoluta calma y tu espíritu controlado.

A estas alturas, el niño será presa del pánico y se apresurará a manifestar obediencia. Nunca premies la obediencia tardía con la suspensión de la sentencia. Y, excepto que sea el último recurso, no lo arrastres hasta el lugar de la purificación. Parte de su entrenamiento consiste en acercarse con sumisión. Sin embargo, si apenas estás empezando a administrar entrenamiento con un hijo que ya es rebelde y huye de la disciplina, y que ya está demasiado incoherente para escuchar, entonces usa la fuerza que sea necesaria para sujetarlo. Si tienes que sentarte sobre él para pegarle, no dudes en hacerlo. Y sujétalo allí hasta que se rinda. Demuéstrale que eres más grande, más fuerte, más pacientemente perseverante y que no te conmueve su llanto. Derrótalo totalmente. No aceptes una rendición condicional ni acuerdos negociados. Tu deber es gobernarlo como soberano benevolente. Tú tienes la última palabra.

Cuando uses la vara, dile que se incline sobre la cama o el sillón. Mientras está en esta posición, repréndelo—tienes toda su atención. Empieza a pegarle lentamente. Si lo haces con prisa no darás tiempo para que ocurra la transformación interior.

Usa tu propio criterio respecto a lo que da mejor resultado. Yo he visto que cinco a diez varazos generalmente son suficientes. Entre más grande sea el muchacho, más fuertes deben ser los varazos para que sean efectivos para purgar su rebeldía. Una regla general es continuar con las medidas disciplinarias hasta que el niño se haya rendido. La eficacia de la vareada no depende de su severidad, sino de su certeza. Las nalgadas no tienen que ser tan duras si se aplican con consistencia. Tu calmada dignidad preparará la escena para que sea más eficaz.

Si un niño mayor percibe en el padre una postura defensiva o de competencia, reaccionará ante los varazos como lo haría si lo hubiera vareado un muchacho vecino más grande que él. Se volverá cohibido y cauteloso, pero no respetuoso. Pudiera controlar sus acciones, pero no su actitud.

INSTRUMENTOS DE AMOR

Haz el propósito de nunca usar la mano para disciplinar. Cualquier excepción debería estar bien justificada. Generalmente es la mano del padre o la madre personalmente ofendidos, la que continuamente ataca como una serpiente. Los padres, demasiado ocupados para tomarse el tiempo necesario para entrenar, grita: "¡No estés fastidiando! Déjame en paz, no me molestes." El golpe con la mano es una expresión de la frustración de los padres.

Además, tratándose del hijo, la mano es para amar, no para las artes marciales. Pegar con la mano sobre el pañal es inútil como disciplina, pero efectivo para causar daño permanente a la columna. Esta clase de disciplina no ocasiona ningún dolor superficial. El dolor producido sería profundo, parecido al de una caída o un accidente automovilístico. Toda nalgada, para que refuerce adecuadamente la enseñanza, debe causar dolor. Lo más efectivo es golpear la vara contra la piel desnuda, donde se alcanzan los nervios superficiales. Un ardor superficial causará suficiente dolor, sin lesionar ni dañar. Escoge tu instrumento según el tamaño del niño. Para el menor de un año, basta una vara de sauce, de 25–30 cms. de largo, sin nudos que pudieran romper la piel, de medio centímetro de diámetro. En ocasiones habrá que buscar alternativas. Una regla de 30 centímetros o su equivalente es una buena alternativa. Para los niños mayores, una correa, cinto o rama más grande sería efectiva.

ADVERTENCIA A QUIEN HAGA TROPEZAR A UN NIÑO

Siempre habrá quienes actúan en extremo. Estas personas pudieran usar lo que se ha dicho respecto al uso legítimo de la vara para justificar un maltrato continuo de sus hijos. Pienso en varios ahora mismo. Estos agresores de niños no se verían a sí mismos como tales. Se considerarían "disciplinarios estrictos." *"Y cualquiera que haga tropezar a alguno de estos pequeños que creen en mí, mejor le fuera que se le colgase al cuello una piedra de molino de asno, y que se le hundiese en lo profundo del mar (Mateo 18:6)."*

FORMAS DE MALTRATO

Muy pocos padres son culpables de maltrato categórico. Pero sí hay muchos que en ocasiones ceden al enojo y emplean tácticas abusivas. El niño es rebelde. El padre o la madre repentinamente pierde el estribo y grita. Como remolino, arrebata al niño por un bracito y le da varios golpes en el trasero. Los ojos del padre echan lumbre, se le endurece el ceño, se acelera su pulso. La mejor palabra para describir sus sentimientos es: IRA. ¡Aplastar! ¡Someter! "Harás lo que yo te diga. ¡No me vas a hacer eso, pequeña!" Rostro enrojecido, musculatura tensa. Cualquiera que vea el rostro del padre o la madre en este estado pensaría que se encuentra en medio de una guerra.

La vara no debe ser un medio para que los padres desahoguen su enojo. En el curso de la vida diaria, muchas personas experimentan ira y sienten el impulso de golpear. En la disciplina de los hijos no tiene cabida esta tendencia egoísta y vengativa. Cuando la motivación suprema no sea conseguir el bien del niño, habrá problemas.

Me da pena decir que, en la mayoría de los casos, el uso de la vara ocurre al final de una curva de intolerancia. La disciplina aplicada por el común de los padres tiende a ser bastante pronosticable. Pasan por un ejercicio de calentamiento de amenazas que aumentan su irritación hasta que su enojo genera la decisión de tomar represalias contra el niño. Lo que sigue es un motín, no una disciplina bíblica.

Existe un movimiento político para prohibir la disciplina física. Dicen: "Si le pegas a un niño, llegará a ser violento." La gente que aboga por entrenamiento sin vara no cree en la Biblia. Ellos juzgan a otros por su propia experiencia. Las únicas ocasiones en las que ellos les han "pegado" a sus hijos o han sentido la tentación de hacerlo, ha sido cuando estaban enojados. Tienen razón cuando dicen que lo que ellos llaman "pegarle a un niño" pudiera hacer que el niño crezca y use la violencia como un medio para resolver conflictos. Pero ellos no entienden el corazón cristiano. Como nunca lo han experimentado, no logran entender el dominio propio y el amor que motiva al verdadero cristiano. El problema es que la vara es utilizada por muchas personas motivadas por sus propios intereses, y esto es lo que ven y experimentan los que abogan por la abolición del uso de la vara.

ACONTECIMIENTO COMÚN

"Juanito, bájate de ese banquillo. Puedes romper algo. ¿Escuchaste lo que dije? No te lo voy a repetir. ¿Cómo que 'no'? Mira, haz lo que te ordeno inmediatamente. ¿ME ESCUCHASTE?!! ¡¡¡BAAAJATEEE!!! Ya estoy harta. No te voy a tolerar más. ¿Por qué eres tan testarudo? ¡Me estás volviendo loca! Esta es la última vez que te lo voy a decir... ¡¡¡BAAAJATEEE!!!" Luego se lo dice varias veces más. A estas alturas ha llegado a ser una competencia entre la madre emocionalmente trastornada y el muchachito. Se ha producido una caldera de ira y resentimiento en esta madre y está a punto de alcanzar el nivel de una furia homicida. Es este mismo sentimiento que, en mayores proporciones y en los que tienen menos dominio propio, conduce a homicidios decenas de veces todos los días. Su hostilidad hace erupción. Como serpiente al atacar, su brazo arrebata al niño del banquillo, desplazándolo por los aires. Con la otra mano le golpea el trasero con una serie de karatazos salvajes. El niño, girando en el aire y con el hombro casi dislocado, grita su desafiante protesta. La madre ha desahogado su furia y está lista para reanudar sus actividades rutinarias. El niño se retira para planear su siguiente travesura. Esto tiene tan poca relación con la disciplina como una escaramuza entre pandilleros.

Una vez que los sentimientos de lesión personal de los padres han sido ventilados mediante este acto de violencia (de eso se trata en el caso descrito), y el niño ha huido del lugar, o parece haber sido suficientemente intimidado como para no causarle más problemas a los padres, ellos están satisfechos. "Olvídate del muchacho. No me volverá a causar problemas a MÍ por un buen rato."

Los padres que realmente tienen interés en el bienestar del niño, lo van a instruir pacientemente por su propio bien. La vara ha de acompañarse de represión para que pueda dar sabiduría. Al decir represión, no nos referimos a vociferaciones y desvaríos. Reprendes a un niño enseñándole los principios involucrados en la conducta que exiges. Le explicas las razones por las que su conducta es inaceptable y ofreces sugerencias sobre la manera en que debe conducirse.

Los padres que están conscientes de que carecen de dominio propio suelen irse al extremo contrario y evitan el uso de la vara cuando el niño realmente lo necesita. Sus propias vidas están tan fuera de control y tan llenas de culpabilidad que reconocen su incapacidad para ser objetivos y justos en la disciplina. Por no estar dispuestos a arrepentirse y equilibrar su propia vida, sus hijos sufrirán la carencia de la administración correcta de la vara.

Una de las características del uso desequilibrado de la vara es la falta de la enseñanza que la debe acompañar. *"La vara y la corrección dan sabiduría (Proverbios 29:15)."* Cuando únicamente se ventila la ira de los padres, no existirá la corrección cuidadosa, paciente y tierna. La vara se debe ver como un auxiliar de la instrucción porque refuerza la represión. Nunca debe ser el último recurso, impuesto por nuestra frustración. La represión sin la vara es igualmente desequilibrada, pues deja la impresión de que la ley no lleva espada.

CAPÍTULO 7

La Filosofía de la Vara

LA VARA QUE INSTRUYE

Por un tiempo breve, Dios ha colocado el alma de tu hijo bajo tu cuidado. Tu hogar es un taller moral en el que tú colaboras con Dios para preparar a tu hijo para la ciudadanía celestial. El hijo en desarrollo se beneficia con el hecho de ser criado en un hogar que imita el gobierno de Dios. La debida aplicación de la vara es esencial para lograr que el niño entienda el juicio de Dios, y posteriormente la gracia de Dios.

En el mundo limitado del niño, los padres representan la verdad y la justicia, y son quienes castigan y premian. Los padres son la ventana a través de la cual el niño desarrolla su percepción de Dios y del funcionamiento del gobierno moral. Si tú estableces reglas pero no tienes suficiente respeto por ellas como para hacerlas cumplir, estarás enseñando algo respecto a las leyes en general. Tu respuesta ante las transgresiones representa para tus hijos las respuestas de Dios. Mediante la aplicación correcta de la vara ellos llegarán a entender el concepto de ley y responsabilidad. A menos que toda transgresión, rebeldía y egoísmo de espíritu se maneje como Dios trata al pecado, la filosofía que tiene el niño del mundo y de la vida será falsa. Si las autoridades temporales no tienen el respeto suficiente por la ley como para hacerla cumplir mediante castigos, ¿por qué había de esperar el niño que la gran autoridad eterna sea diferente?

Los militares usan balas reales para enseñar a los soldados a evitar el fuego del enemigo. Substituir la vara con amenazas huecas, para tus hijos sería como substituir balas reales por petardos. Ocasionaría la muerte de soldados más adelante en el conflicto real.

EL TEMOR DE DIOS

El niño debe tomar en serio la ley moral. *"El temor de Jehová es el principio de la sabiduría (Proverbios 9:10)."* Para definir la raíz del pecado, Pablo dijo: *"No hay temor de Dios delante de sus ojos (Romanos 3:18)."* El uso correcto de la vara inculca un temor sano. No sean víctimas de la redefinición moderna de *"temor"* que dice que es "respeto." Porque Jesús dijo: *"Pero os enseñaré a quién debéis temer: Temed a aquel que después de haber quitado la vida, tiene poder de echar en el infierno; sí, os digo, a éste temed (Lucas 12:5)."* La Escritura establece una diferencia entre honrar, amar y temer: *"Honrad a todos. Amad a los hermanos. Temed a Dios. Honrad al rey (I Pedro 2:17)."*

Aun cuando no tenemos el *"espíritu de temor,"* quienes entendemos la eternidad tememos oponernos al *"Vengador"* de toda maldad. Recuerda, estás preparando a tu hijo para la vida real en un mundo real y para enfrentar a un Dios real en un juicio real con una responsabilidad real para una recompensa en una eternidad real. No se trata de ningún juego. Las recompensas son grandes, y la pérdida es demasiado horrible como para que los padres no hagan de esto su más alta prioridad. El uso de la vara no es opcional para el que cree la Biblia. Es el diseño de Dios para un entrenamiento adecuado. Están en juego las almas de sus hijos.

COMPRENSIÓN DE LA GRACIA

El fin que persigue el cristiano no es únicamente la sujeción a la ley, sino que el niño llegue a comprender la gracia de Dios. Sólo mediante la espada desenvainada de la ley nos vemos apremiados por entender la gracia. La ley es *"nuestro ayo, para llevarnos a Cristo (Gálatas 3:24)."* Dios no podía darse a conocer en el monte Calvario sin antes darse a conocer en el monte Sinaí.

Si haces cumplir estrictamente las reglas de la casa mediante legislación, rendición de cuentas y administración de castigos, no sólo enseñarás a tus hijos a temer y respetar al Legislador, sino que crearás oportunidades para manifestar gracia. ¡Qué responsabilidad tan sagrada y maravillosa!

CAPÍTULO 8

Sujeción Selectiva

"NO TENGO QUE OBEDECERTE."

Algunos niños tienen una costumbre muy irritante—la sujeción selectiva. ¿Alguna vez has intentado corregir a un niño, sólo para que te conteste insolentemente: "Tú no eres mi mamá, no me puedes decir lo que tengo que hacer."? (Lo más probable es que la madre tampoco le pueda decir lo que tiene que hacer.) Esa respuesta te indica que, aun cuando el niño obedezca a sus padres, en el fondo es totalmente rebelde. No está bajo ninguna autoridad mas que la propia.

Si el niño percibiera alguna intención siniestra por parte del adulto y estuviera resistiéndose al secuestro o algo por el estilo, sería apropiada su osadía. Pero no caigas en el engaño de sentirte orgulloso de las acciones de tu hijo, como si fuera por lealtad o cautela. Es rebeldía, que *es como pecado de adivinación (I Samuel 15:23)."* Aun cuando sea reprendido por otro niño, el que ha sido bien entrenado podrá discernir el orden legal detrás de la reprensión, y se sujetará.

Por naturaleza existe en todo niño una conciencia innata de su deber de sujetarse a la ley común de amor y benevolencia. Este código implícito se expresa cuando un pequeño le dice a otro: "No debes hacer eso." La conciencia que aún no ha sido cauterizada apela constantemente a esta norma innata. <u>Cuando un niño se rebela contra las justas reprensiones de sus compañeros, no sólo se está rebelando contra sus compañeros, sino contra el "orden legal" en general.</u> No es necesario que el niño esté consciente de este "orden legal." Tampoco lo están la mayoría de los adultos, pero cubre a todos. Por ejemplo, un niño pudiera ignorar el significado de la palabra "rebeldía," y no obstante, conducirse exactamente como se conduce el adulto que se encuentra en un estado de rebeldía. El niño está violando su propia conciencia. Sufre su culpabilidad. Está levantando una barrera de orgullo, amor propio, y llegará a aborrecerse a sí mismo. El niño al que se le permite o se le anima a seguir este camino, está destinado a la destrucción moral.

LA HERMANA MAYOR

Mis dos hijas menores, cuando tenían nueve y once años, estaban cuidando a unos niños que se estaban quedando con nosotros. Una niña de dos años tomó un artículo que estaba prohibido. Su hermana mayor, de catorce años, le dijo que no podía jugar con eso y procedió a quitárselo. La niña hizo un berrinche con tremendos gritos. (Esa era la forma en que ella normalmente pagaba a sus padres. Ellos consideraban que su conducta era normal.)

Mi hija de nueve años, asombrada ante esta conducta extraña, vino a decirle a su mamá. Al investigar, Deb descubrió que la niña estaba enojada con su hermana mayor. La menor consideraba que su hermana mayor no tenía ninguna jurisdicción sobre la conducta de ella. La niña de catorce años reconoció que a ella no le era permitido disciplinar a su hermanita. Mi esposa inmediatamente inició una sesión de entrenamiento. Tomó el objeto prohibido y lo volvió a colocar en el piso frente a la niña. Dirás: "¡Pero eso es tentar a la niña!" ¿No hizo Dios lo mismo con Adán y Eva?

La niña inmediatamente dejó de llorar, echó una mirada de triunfo a su hermana, y estiró la mano para tomar el objeto. Deb le dijo: "No, no puedes tomar eso." Cuando la niña lo tomó de todas maneras, Deb repitió "No," dándole un golpecito en la mano con una varita y volvió a dejar el objeto a unos centímetros de la niña. Como el objeto no estaba fuera de su alcance, la niña supuso que estaba permitido tomarlo. Al alcanzarlo de nuevo, Deb le dio un golpecito y una orden calmada. Después de una o dos veces más, la niña había aprendido su lección.

Entonces Deb le pasó el objeto a la hermana mayor y le dijo que lo colocara frente a la niña y le dijera "No." Cuando la de catorce años le tendió el objeto a la pequeña, ésta trató de tomarlo, sólo para recoger su mano cuando se le dijo "No." Luego el objeto prohibido fue dejado en el piso en medio del cuarto de juego. La niña pequeña jugó alrededor de él el resto de la tarde sin tocarlo. La niñita que anteriormente había fastidiado a todos con sus exigencias, estuvo alegre y sociable hasta que llegó el momento de retirarse.

MANTENER VIVA LA REBELDÍA

Si les permites a tus hijos un tiempo de rebeldía y ejercicio de su propia voluntad (sea con tu cónyuge, los abuelos, con hermanos o hermanas mayores, la niñera o con sus compañeros), estás permitiendo que siga viva la rebeldía y la obstinación. Las semillas de la rebeldía siempre estarán allí para dar fruto en cuanto se retire la presión. Quizá estés controlando sus acciones externas, pero no estás construyendo carácter.

En una familia sometida a la luz de Dios, los hijos estarán tan entregados a la norma de conducta implícita, que gustosamente dan y reciben represión los unos de los otros. <u>En la iglesia, todos tenemos que rendirnos cuentas unos a otros.</u> <u>Así debe ser también en el hogar.</u>

Además, los hijos mayores serán más responsables cuando se les asigne responsabilidad por los menores. Y ¡cuánta carga le quita a la mamá! Aun cuando los mayores sean encargados de los menores, los menores siempre cuentan con la opción de apelar. Si el mayor abusa de su autoridad, debes manejarlo como una ofensa grave. Los menores descubren muy pronto, que si hacen una falsa acusación contra la disciplina del hijo mayor, recibirán disciplina doble. La responsabilidad que se deposita en el hijo mayor es un entrenamiento valioso. También alivia tensiones, ya que el hermano mayor no queda desprovisto de recursos frente a un hermanito desordenado. En un hogar donde sólo los padres sancionan la desobediencia, los hermanos nunca se caerán bien, y los mayores despreciarán a sus hermanitos menores. Cuando dos niños están juntos, uno debe estar encargado.

MADRE BENDITA, TEN MISERICORDIA

Muchas veces he observado la situación difícil en la que uno de los padres (generalmente el papá, menos sentimental) es firme en el entrenamiento para la obediencia, pero el otro (generalmente la mamá) se deja vencer por la compasión y no exige obediencia instantánea. Durante el día, mientras el padre está fuera, la madre suplica, regaña, amenaza, y después de un rato se enoja suficientemente como para imponer a los niños la necesidad de una sujeción temporal.

El padre regresa del trabajo y pronto se enfrenta a la rebeldía y desobediencia de sus hijos. Cuando les pega a los niños, ellos pegan de gritos contra su injusticia. La madre emocionalmente débil sufre tanto al ver a sus pequeños "maltratados" por este "extraño" que ha invadido sus dominios que, delante de los niños, se interpone para desafiar los juicios del padre. Muy pronto los niños aprenden a utilizar los sentimientos de la madre para combatir la "justicia" del padre. A medida que la madre se vuelve más y más crítica del padre y protectora de los hijos, los hijos se vuelven mentirosos y aprenden a manipular a los contenciosos adultos.

El padre se da cuenta de que está perdiendo el control y les aprieta aún más a los hijos. La madre, queriendo proveer equilibrio, se vuelve más flexible, y crece el abismo entre ellos. Los hijos sufren las consecuencias.

Un cónyuge NUNCA debe corregir o cuestionar el juicio del otro en presencia de los hijos. Será mejor para su hijo que toleren una injusticia ocasional, y no que destruyan la base de autoridad con su franca discrepancia. Esto se pone de manifiesto cuando un niño que es disciplinado por el padre empieza a pedir a su mamá. Cuando el niño corre hacia la madre, ella debe seguir la disciplina con la misma fuerza que usaría el padre. Si el padre intenta obligar al hijo a comerse su avena y el niño llora por su madre, entonces la mamá debe responder pegándole al niño por llorar por ella, **además** de pegarle por no comerse la avena. Así le dará gusto al niño tratar únicamente con papá.

Nosotros conquistamos muy oportunamente esta tendencia a la sujeción selectiva. Cuando uno de nosotros estaba vareando a alguno de nuestros hijos y lloraba por el otro, el otro se acercaba para ayudar a dar varazos. Después de que eso sucediera dos o tres veces, el niño decidía que con uno de los padres era más que suficiente.

Después de que el niño ha sido vareado, no se le debe permitir que huya hacia el otro buscando consuelo. Es importante que encuentre su consuelo en el mismo que administró las nalgadas. Cuando Dios nos castiga, es para acercarnos a sí mismo, no para que nos volvamos hacia otro.

Mamá, si consideras que tu marido es demasiado severo con su disciplina, hay algo que puedes hacer. Mientras él está fuera de la casa, exige, espera, entrena y disciplina para recibir obediencia inmediata y completa de parte de tus hijos. Cuando Papá regrese, el hogar se encontrará en paz y en orden. Los niños siempre obedecerán a su padre, de modo que no sea necesario que él los discipline.

CAPÍTULO 9

Ejemplos de Entrenamiento

UNA SOPA DE SU PROPIO CHOCOLATE

Mientras mi esposa aconsejaba a una madre joven, observé un suceso de lo más asombroso. Un niño de dos años que no conseguía que su madre le hiciera caso, finalmente tomó una herramienta de plástico y empezó a golpear el brazo de su mamá. Ocasionalmente se estiraba para picarle la cara. Esta conducta no era ninguna novedad en él. Anteriormente ya lo habíamos observado siguiendo los pasos de Caín al perpetrar actos de violencia contra su hermanito. Unos días antes mi esposa había visto cómo dejaba caer una rueda de triciclo sobre el pie de su mamá. Ella gritaba: "Juanito," (hemos cambiado el nombre para proteger la identidad de la madre culpable) "Eso le duele a Mamá." Luego con voz chillona: "No lastimes a tu Mami." ¡Zas! Nuevamente cayó la rueda del triciclo sobre su pie. "¡Deja de hacer eso! Me duele." Les diré lo que duele. Duele ver que una madre dañe tanto a su hijo por no hacer nada mientras sus respuestas están haciendo de Juanito un delincuente.

Pero en esta ocasión el desenlace sería diferente. Conforme prosiguió la conversación, Juanito se cansó de asaltar a su madre y se volvió contra mi esposa. Ella no era su madre y no había sido entrenada para soportar su maltrato, así que sin voltear siquiera a mirarlo, y sin interrumpir la conversación, Deb tomó otra herramienta de plástico igual a la del niño, y la sostuvo en la mano sin darle importancia. Se estaba preparando para enseñarles una lección a la madre y al hijo. La siguiente vez que Juanito golpeó a mi esposa, sin interrumpir la conversación y sin mostrar enojo ni agitación, ella le devolvió otro golpe de mayor intensidad que el de él. ¡Vaya sorpresa! ¿Qué es eso que siente Juanito en su brazo? ¡Dolor! Y de alguna manera se relaciona con el golpe que dio con su juguete. Juanito golpea de nuevo. Una vez más, inmediata retribución (en realidad entrenamiento). Juanito es muy aguantador; así que, aunque no lloró, recogió su brazo adolorido y lo examinó detenidamente. Era obvio que estaba trabajando intensamente la pequeña computadora mental. Como para probar su nueva teoría, golpeó de nuevo, pero con menor fuerza. El golpe que inmediatamente recibió a cambio no era de menor intensidad. Esta vez creí que iba a llorar. Pero no, después de mirar a su madre como para preguntar: "¿Qué novedad es esta?" golpeó de nuevo a mi esposa en el brazo con menos fuerza aún. Yo pensaba: "En esta ocasión ella disminuirá la fuerza para corresponder a la de él." Pero de nuevo, como indiferente, mi esposa devolvió un fuerte golpe.

Quizá se pregunten qué estuvo haciendo la mamá todo este tiempo. Créanlo o no, las dos mujeres siguieron platicando; mi esposa como si todo fuera normal, la mamá con una expresión dividida entre asombro y alarma. Juanito, con la resistencia necesaria para ser de las Fuerzas Armadas Especiales, puso una de esas caras de dolor y llanto, disimulada por una sonrisa forzada. Para mi asombro, con la cuarta parte de la fuerza inicial, golpeó de nuevo a mi esposa. Una vez más, ella devolvió el golpe. Yo esperaba que Juanito estuviera a punto de aprender su lección. La conversación prácticamente se había acabado, esperando el desenlace. Juanito ha de ser descendiente de los Vikingos, porque siguió intercambiando golpes como diez veces. Los golpes de Juanito se hacían cada vez más leves hasta que, después de una breve demora contemplativa, dio un ligero golpecito que fue contestado rápidamente con un fuerte golpe. El niño sostuvo la herramienta de juguete en su mano relajada mientras estudiaba el rostro de mi esposa. Creo que le desconcertaba la expresión relajada, no amenazante de ella. Él estaba acostumbrado a los regaños y las amenazas. Había sido entrenado de tal manera que esperaba que un antagonismo creciente precediera a la confrontación. Mi esposa en ningún momento le había dirigido una sola palabra, lo miraba sólo esporádicamente y al hacerlo le dirigía una sonrisa amigable.

Pues, Juanito era mucho más listo que el gato que aprendió a no meter la cola debajo de la mecedora. Se alejó de mi esposa, encogió los hombros, se meció en sus piernas, sonrió, examinó su brazo y miró la herramienta que aún traía en la mano. Pude ver que se le metió una idea a su cabecita experimentadora. Se volvió hacia su mamá y la golpeó en el brazo. Sobándose el brazo, ella gritó: "¡Juanitoooo, eso dueeeleeee!" Mi esposa le pasó otra herramienta de plástico. Al siguiente golpe de Juanito, la madre joven valientemente respondió con otro golpe. Sólo se necesitaron dos o tres golpes para que aprendiera su lección definitivamente. La madre también estaba aprendiendo. Si ella perseverara, Juanito quedaría curado para siempre de su tendencia a la violencia.

Por favor entiende que el uso de la herramienta de juguete no era un sustituto de la vara. Esto no era disciplina, sino entrenamiento. El niño estaba golpeando alegremente con el juguete. Aunque frustrado, no estaba enojado ni lo hacía por crueldad. Si ese hubiera sido el caso, su medicina hubiera sido la vara. Los golpes devueltos le estaban enseñando que lo que él estaba haciendo era doloroso e indeseable. También se le estaba enseñando que había otros que los podían repartir mejor que él. Encontrarse con un bravucón más grande cura a la mayoría de los bravucones pequeños. Los niños aprenden a no coger avispas, cogiendo una.

La mayoría de las personas difícilmente creerían que este encuentro hizo que Juanito se encariñara de mi esposa. Él parece amarla profundamente y exige que lo cargue cuando ella está cerca. Los niños se sienten cómodos con alguien que puede controlar sus propias emociones y con quien saben cuáles son sus límites. A raíz de esta experiencia y con consejo adicional, la madre y el hijo han mostrado gran mejoría.

LAS ZORRAS PEQUEÑAS ECHAN A PERDER LAS VIÑAS

Acabamos de regresar de cenar con unos buenos vecinos. Se trata de una linda pareja joven que empieza a formar su familia. Son padres amables, interesados en criar correctamente a sus hijos. Jamás se les podría acusar de maltrato ni de negligencia. Sus hijos son su prioridad. Pero, mientras platicábamos, recordé una vez más que son las cosas pequeñas e "insignificantes" las que determinan el carácter del niño.

Su hijito de tres años estaba entre nosotros dos, jugando con un pequeño animal de goma para bañera. Aparentemente descubrió que aún tenía un poco de agua, así que lo sostuvo sobre la mesa y lo empezó a exprimir. Para deleite de todos, especialmente del muchacho, la cabra de goma empezó a "orinar" sobre la mesa. Después de una buena carcajada, la mamá fue a la cocina por una toalla.

Cuando ella intentó secar la mesa, el pequeño dijo: "No," y trató de impedir que ella secara su charquito. Ella lo hizo a un lado fácilmente y secó el charco. El niño protestó frustrado y enojado, y se arrojó sobre el sofá a llorar. El llanto no era fuerte y no duró ni cinco segundos antes de que se levantara haciendo pucheros para ver qué otro pasatiempo pudiera encontrar. Todo había terminado en diez segundos.

Se reanudó la conversación a la par que él realizaba la primera de una serie de transgresiones deliberadas. Se subió a la mesa de centro—cosa prohibida—y luego buscó otras expresiones de desafío. Después de que le hablaran por quinta vez, dejaba de hacer una para pasar a la siguiente transgresión. La conversación continuó con sólo mínimas pausas mientras lo reprendían. Este es precisamente la clase de asunto que requiere entrenamiento y disciplina intensivos. Ignorarlo, como hicieron ellos, es dañar al niño.

¿Qué aprendió el niño? Aprendió que su mamá es más grande que él y que puede obligarlo a él a sujetarse a la voluntad de ella. Esto hará que él obligue a su hermano menor a sujetarse a él. Aprendió que no es necesario que use de dominio propio. Cualquier cosa que esté a su alcance es presa válida. El enojo que permitieron que ardiera en su corazón condujo a rebeldía. Aunque los padres no estaban conscientes de ello, sus acciones posteriores eran producto de su corazón contaminado.

LA RESPUESTA APROPIADA

La respuesta correcta hubiera sido más o menos la siguiente: "Juanito, aquí está un trapo. Por favor limpia lo que tiraste." "No, no quiero." Luego él sigue jugando con el agua, meciéndose un poco sobre un hombro, con la cara inclinada, no muy absorto con el agua, pero esperando para ver si su mamá lo va a dejar en paz. Hay rebeldía en su corazón, pero está frente a una fuerza superior, así que vacila. Nuevamente ella le dice: "Juanito, seca la mesa ahora mismo." (Con mis hijos, no se daría más que una orden.) Si vacila de nuevo, ella va por la vara. Si él rápidamente intenta limpiar la mesa para evitar la vareada, no importará. Ella regresa con la vara, y parada frente a él le dice: "Juanito, te dije que secaras la mesa y vacilaste. Así que te voy a pegar para que no vaciles la próxima vez. Mamá quiere que su muchachito llegue a ser sabio como Papá, así que te voy a ayudar a recordar que tienes que obedecer. Inclínate sobre el sofá. Baja las manos y no te muevas o tendré que darte más golpes."

Enseguida ella administra unos diez varazos, lenta y pacientemente en sus piernas desnudas. El niño llora de dolor. Si sigue mostrando su desafío mediante sacudidas o defendiéndose, o expresando ira, ella esperará un momento, lo sermoneará de nuevo y le volverá a pegar. Cuando sea obvio que está totalmente quebrantado, ella le entregará una toalla y con toda calma le dirá: "Juanito, limpia tu tiradero." Él debe secar el agua muy sumisamente. Para probar y reforzar este momento de rendición, dale otra orden: "Juanito, ve y guarda todos tus juguetes en el cajón." O, "Juanito, recoge toda la ropa sucia y échala en el canasto." Después de tres o cuatro actos de obediencia fielmente realizadas, presume de lo "listo" que es tu ayudante. Durante el resto del día estará feliz y sumiso. La transformación es increíble.

Acabas de ser testigo de la potencial obtención de un hogar pacífico y de un hijo obediente y emocionalmente estable. Si pones cuidado en estar atento a cada infracción, sea en actitud o en acción, y retribuir oportunamente, en pocos días tendrás un niño perfectamente obediente y alegre.

NO TENGO TIEMPO

Ahora, yo sé exactamente lo que están pensando algunos de ustedes: "Pero ya tengo todo mi tiempo saturado. No dispongo de tiempo para vigilar y cuidar de cada transgresión." <u>Si tienes compromisos fuera del hogar que te impiden criar correctamente a tus hijos, devuélvele tus compromisos al Diablo.</u> Lo digo en serio, aun cuando sean actividades de la iglesia. Si tienes hijos, tu primera vocación es como padre o madre. Si, por otra parte, estás sobrecargado debido a un hogar caótico, entonces no puedes darte el lujo de no ser fiel con la disciplina, porque necesitas el descanso que te dará.

Apenas ayer, una madre joven de hijos pequeños vino a mi casa y le contó a mi esposa lo siguiente: "Esta mañana cuando yo estaba sentada frente a la máquina de coser, vino mi hijo de cuatro años y me dijo: 'Mamá, te amo tanto.' Dejé mi costura, miré la expresión sincera en su rostro y le dije: 'Me alegra que me ames, porque yo también te amo. Eres tan buen muchacho.' Cuando intenté volver a mi costura, me dijo: '¿Sabes por qué te amo tanto?' 'No, ¿por qué me amas tanto?' 'Porque me obligas a meter leña y a hacer lo que tú me ordenas.'"

Esta madre siempre se ve tan fresca y descansada. Yo sé que esto suena muy pretencioso, pero no es más que la pura verdad. Hasta el niño de cuatro años puede compararse con otros niños y apreciar la instrucción y formación que ha recibido de sus padres.

UNA VAREADA A TIEMPO ME PERMITE DORMIR SIESTA

Cuando tu bebé está tan cansado y tiene tanto sueño que se pone irritable, no refuerces su irritabilidad permitiendo que persista la causa. Duerme al pequeño. Pero, ¿qué del gruñón que prefiere quejarse en lugar de dormir? Ponte firme. Sé duro con él. Nunca lo acuestes para luego cambiar tu postura por alguna razón, permitiendo que se levante. Por el bien de tu reputación ante el niño, tienes que sostenerte. Quizá no pueda dormir, pero puede ser entrenado para quedarse allí en silencio. Muy pronto aprenderá que siempre que lo acuesten, no queda ninguna alternativa más que quedarse allí. Levantarse es ponerse en la línea de fuego y ser derribado con la vara. Llegará a ser tan fácil como acostar a una muñeca de trapo. Los que GENERALMENTE son constantes tendrán que usar la vara con más frecuencia. Quienes son SIEMPRE constantes, dejarán de tener que usarla.

Cuando recién empiezas a enseñarle a tu hijo a estar quieto en la cuna, pudiera ser que se queje y proteste, lo cual es una expresión natural de su desilusión. Si no haces caso a las quejas, pasarán. Pero si premias las quejas dejando que se levante, lo volverá a repetir la siguiente vez que se quiera levantar. Habiendo descubierto el poder de las quejas, las seguirá empleando para conseguir lo que quiere. Si permites que el niño sea quien dicte la política, lo estás convirtiendo en un "odioso." Como este lloriqueo y quejumbre tarde o temprano va a irritar a Mamá, es mejor que, sin importar los sentimientos de Mamá, se rompa esta tendencia antes de que eche raíces y se convierta en un hábito de su personalidad. Es asqueroso ver adolescentes llorones.

¡Imagina! Niños que nunca suplican, lloriquean, ni se quejan por nada. Nosotros hemos criado cinco hijos que no son quejumbrosos. Imagina la comodidad de poder acostar a tus hijos y decirles: "Es hora de dormir," y luego acostarte tu misma, sabiendo que cuando despiertes todos estarán silenciosamente acostados.

OBEDIENCIA

Cuando una madre estaba leyendo un borrador de este libro, se percató de que su hija de doce meses de edad estaba chillando y jalándola. Al llegar a la parte anterior, donde dice que no se le permita a un niño chillar ("Si tienen sueño, mándalos a la cama."), decidió aplicar lo que estaba leyendo. Acostó a su niña y le dijo que se durmiera. La niña soñolienta respondió con llanto de protesta. Siguiendo las instrucciones del libro, le pegó a la niña y le dijo que dejara de llorar y se durmiera. Anteriormente se había entrenado a la niña para que pasara una hora llorando intermitentemente y levantándose, sólo para que la regañaran y la volvieran a acostar. No obstante, las nalgadas contuvieron el llanto y la hicieron estar quieta. La madre prosiguió con su lectura. Después de un rato levantó la mirada y descubrió que la niña se había bajado muy silenciosamente al piso para hojear un libro. La madre sonrió ante la dulzura y tranquilidad de la niña y siguió leyendo el borrador.

Al seguir leyendo, consideró el hecho de que la niña no había obedecido. "Pero se está portando tan bien y no me está molestando," pensó la mujer. Luego comprendió que el asunto no era que la niña no la estuviera molestando, sino que estuviera aprendiendo a obedecer. Llegó a la conclusión correcta de que al permitirle a la niña quedarse tranquilamente en el piso cerca de su cama, donde finalmente se quedaría dormida, en efecto la estaba entrenando para que viviera en rebeldía a lo establecido por la ley. Por amor a su hija, esta madre se tomó la molestia de romper la serenidad con otra nalgada. Luego le dijo a la niña que se quedara en la cama y se durmiera. La niña se durmió inmediatamente.

LA MADRE DE TRES AÑOS

El otro día en nuestra casa, una niñita de tres años estaba jugando con muñecas. (Permítanme comentar aquí: Toda muñeca debe ser muñeca BEBÉ, no muñecas "Barbie." La fantasía que surge de jugar con muñecas bebé hace que las niñas jueguen con el papel de madre. La fantasía que surge de jugar con muñecas Barbie hace que las niñas jueguen con el papel de diosa sexual. *"Porque cual es su pensamiento en su corazón* [del niño], *tal es él (Proverbios 23:7)."* Esta niña estaba jugando con el papel de madre. Lo interesante era el papel que asumía esta "madrecita" con su bebé. En su imaginación la bebé empezó a llorar después de recibir una orden. La niña regañó a su bebé, luego la volteó y le pegó. Imitó a la perfección el tono amable y firme de su propia madre.

Mientras yo seguía observando sigilosamente, ella continuó con su sesión de "práctica como mamá." Se presentaron varias situaciones con su muñeca de trapo, casos que ella resolvió inmediata y firmemente como una profesional. De hecho, yo no podía haber resuelto mejor esas situaciones imaginarias. Le dijo a la niña gritona (la muñeca de trapo): "¡No! Eso no está bien. No te lo puedo dar ahora. Deja de llorar. VARAZO, VARAZO. Si no dejas de llorar, Mamá te tendrá que pegar otra vez. VARAZO, VARAZO, VARAZO. Deja de llorar ya. Así está mejor. Ahora veamos si puedes jugar contenta."

Allí estaba una "madre" de tres años, ya preparada para entrenar hijos felices y obedientes. Ella sabía exactamente qué era lo que podía esperar de su mamá. Y lo que era aún más asombroso, sabía exactamente qué era lo que su mamá esperaba de ella. Disciplinaba a su muñequita por actitudes, no por acciones. Esta niñita de tres años de edad estaba completamente entrenada. Estaba ganada la batalla. Mientras sus padres sostengan constantemente lo que ya han inculcado, ella nunca será mas que bendición.

EL LIMOSNERO NO PUEDE USAR GARROTE

Un niño JAMÁS debe chillar o rogar. Es fácil romper esta costumbre. Jamás premies a un mendigo, y el mendigo se irá. En nuestra casa, la manera más segura de no conseguir lo que uno quería era rogar o chillar. Nos tomábamos muchas molestias para asegurar que el niño quejumbroso no recibiera lo que quería. Si comprábamos alguna cosa especial para los niños y alguno de ellos se impacientaba y chillaba o lo pedía dos veces, era seguro que quedara excluido, aun cuando eso significara que tuviera que quedarse observando mientras los otros niños se comían lo que él había pedido. Si yo me estaba disponiendo a cargar a un niño pequeño y él chillaba para que lo cargara, entonces yo ya no lo cargaba hasta que estuviera distraído y contento—aun cuando esto fuera inconveniente para mí.

Quizá imagines que si esa regla se aplicara en tu hogar, se acompañaría de quejas constantes de injusticia. Sólo con pensarlo te pudieras sentir como un tirano. Si lo intentaras y lograras ser constante un 99% del tiempo, no estarías satisfecho con los resultados. Si en algún momento un niño consigue lo que quiere mediante lloriqueos y ruegos, lo intentará diez veces hasta que dé resultado de nuevo. Si el procedimiento resulta contraproducente, muy pronto dejará de desperdiciar energías en quejumbres infructuosas. <u>Cuando el mendigo no puede elegir, elige no mendigar.</u>

LA RUTA MÁS DIFÍCIL

Durante dos años después del nacimiento de nuestro primer hijo, mi esposa no pudo concebir. Cuando finalmente se embarazó, tuvo un aborto espontáneo. Luego, un año más tarde, finalmente nació el pequeño cuyo nombre habíamos escogido cinco años antes. ¡Nuestro primer hijo varón! Mi esposa se volvió más posesiva que nunca. Al año el niño era tan apegado a su madre que yo tenía que meter solicitud con mucha anticipación si quería pasar tiempo con ella a solas. No podíamos dejarlo con una niñera a menos que ella tuviera la bendición de ser sorda. Yo no sabía mucho acerca de los niños en aquel tiempo, y consideraba que esto sólo era una etapa que pasaría. Un amigo que tenía más experiencia como padre fue el que me enseñó lo contrario.

Supongo que los hermanos en la iglesia se hartaron de este niño de dos años que aún llevaba el cordón umbilical sin cortar. Mi esposa fue esclava de la voluntad del niño hasta aquel día fatal de abril. Recuerdo como si hubiera sido ayer, cómo mi amigo se acercó al auto del que descendíamos en un paseo de la iglesia. Con los otros conspiradores escondidos tras él, se acercó a mi esposa, arrebató a Gabriel y dijo: "Yo me lo llevo," y desapareció.

Yo no lograba entender qué era lo que quería con ese niño que se retorcía y gritaba desesperado, extendiendo los brazos para suplicar a su mamá que lo rescatara. Los cómplices cerraron el camino detrás de él como para frustrar cualquier intento de rescate. Yo suponía que estos amigos mal aconsejados pronto buscarían devolverlo como uno quisiera devolver un resfriado al que se lo contagió.

Para mi esposa fue lo contrario de dar a luz. Estaba siendo destetada. Después de un par de horas los "entrenadores" regresaron con un Gabriel totalmente nuevo, que reía y disfrutaba la compañía de los señores. No corrió hacia su madre ni reanudó su llanto.

Para nuestro asombro, desde ese momento en adelante estaba seco el cordón umbilical y teníamos un niño cuyo mundo ya era más grande que los brazos de su mamá. ¡Ah! ¡Y yo había recuperado a mi esposa! Pronto llegaría el siguiente niño, pero ese no se convirtió nunca en una extensión de la autoimagen de su madre.

ASÍ GIRA LA RUEDA

Cuando cuidamos niños ajenos, siempre lo hacemos con la condición de que tengamos plena libertad para disciplinar y entrenarlos. Tratamos de ser realistas y usamos de discreción al determinar lo que es posible lograr con eficacia en el tiempo asignado. Evaluamos la confianza que nos tiene el niño, su familiaridad con nuestra técnica, la sensibilidad de sus padres, y el estado emocional del niño.

En cierta ocasión Deb estaba cuidando a un grupo mixto de unos diez niños y bebés, todos de cuatro familias diferentes que estaban asistiendo a un seminario. El hijo mayor de una de las parejas, como de quince meses de edad, estaba muy consentido y lo manifestaba. Su entrenamiento lo había enseñado a contar con atención y consuelo constantes. Estaba extrañando a su "mamá–sirvienta" y se estaba quejando. No era únicamente aquello de: "Estoy solo y triste. Necesito que alguien me ame." Más bien expresaba con su llanto: "¡Estoy muy enojado! ¡Las cosas no están saliendo como yo quiero! ¿Dónde anda mi mamá? Voy a hacer que paguen caro este trato. Esta será una noche que no desearán repetir. Yo me encargaré de eso."

Todos los niños fueron colocados a la mesa para un refrigerio. Después de un par de minutos, el chico comenzó a hacer pucheros. No le gustaba la comida ni la compañía. Se bajó y empezó a renegar. Dejándole más margen de lo que hubiera tolerado con uno de los nuestros, mi esposa le pasó una papa frita, por la que había mostrado gusto anteriormente. Fiel a su actitud, la lanzó al piso con desafío.

Mi esposa tan paciente, que además estaba muy ocupada, lo recogió y lo colocó en un gran sillón acojinado y le pasó un patín de brillantes colores. Tomó un momento para mostrarle lo divertido que era sostenerlo con las ruedas hacia arriba y hacerlas girar. "Mira, haz que giren las ruedas," le dijo. Desafiante, apartó la cara. Este niño que en otras circunstancias era tan dulce, había desarrollado (más bien los padres habían desarrollado en él) un espíritu egoísta y rebelde. Sin corrección, *avergonzaría a su madre.* Mi esposa siempre había sentido un afecto especial por ese niño, y le dolía ver que estuviera desarrollando una actitud tan odiosa.

Ella decidió que había llegado la hora de la verdad. Ignoró a los otros niños que estaban investigando y reordenando todo lo que había en la mesa, y rápidamente fue por su varita (de unos 30 cms. y del diámetro de un macarrón). Nuevamente colocó el patín frente a él y en tono suave y juguetón le dijo: "Dale vuelta a la rueda." De nuevo apartó la cara desafiante y lloriqueando. Una vez más ella le mostró lo divertido que era hacer que las ruedas giraran y repitió la orden. Otra vez, desafío.

Esta vez, plenamente segura de que él había entendido que era una orden, le colocó las manitas sobre las ruedas, repitió la orden, y cuando no hubo obediencia, le dio un varazo en la pierna. Nuevamente, con voz serena pero firme le ordenó que hiciera girar las ruedas. La obstinación no muere fácilmente. Mi esposa hizo acercar a los demás niños para demostrar lo divertido que era hacer girar las ruedas. Apartando su mano del patín lo más lejos posible, el niño cubrió la mano derecha con la izquierda—aparentemente para fortalecer su decisión o para expresarla—y se negó a hacer girar las ruedas.

Después de unos diez actos de obstinado desafío, seguidos de diez varazos, se rindió ante una voluntad superior a la de él mismo. Al hacer girar las ruedas, hizo lo que todo ser humano responsable tiene que hacer—se humilló ante la autoridad más alta y confesó que sus intereses no son de importancia suprema. Después de hacerlas girar una sola vez a regañadientes, mi esposa se ocupó de otras labores.

Pocos minutos después ella observó que el niño estaba haciendo girar las ruedas y riendo con los otros niños—por quienes anteriormente no había mostrado sino desprecio. La actitud arrogante había desaparecido. En su lugar había contentamiento, gratitud y compañerismo con los demás. La "vara" había hecho honor a la promesa bíblica.

CAPÍTULO 10

Entrenamiento en Seguridad

Hay entrenamiento que nada tiene que ver con formación de carácter. Simplemente sirve para conservar sano y salvo a tu hijo. Estas ilustraciones se pudieran antojar ásperas para algunos, pero yo he comprobado, como lo han hecho muchos otros, que este sistema es efectivo y seguro.

SEGURIDAD CON ARMAS DE FUEGO

Como somos una familia de cazadores, siempre hemos tenido armas de fuego en la casa. Con los pequeños siempre nos hemos asegurado que los rifles estén fuera de su alcance. Pero con la posibilidad de que tarde o temprano entren en contacto con un rifle cargado, los entrenamos en seguridad.

Con nuestro primer preescolar, coloqué una escopeta vieja, vacía, de un solo tiro en un rincón de la sala. Después de varias sesiones, diciéndole "No" y vareándole las manos, entendía que los rifles estaban prohibidos. Todos los días los niños jugaban alrededor del rifle sin tocarlo jamás. Nunca tuve que preocuparme porque fueran a estar en casa ajena y tocaran un rifle. No hice mi casa a prueba de rifles, hice a mis hijos a prueba de rifles.

ESTUFA CALIENTE

Siempre hemos tenido una estufa de leña para cocinar y calentar la casa. Una estufa al rojo vivo puede ocasionarles quemaduras severas a los preescolares. Yo he visto cicatrices terribles. Pero no teníamos ningún temor, conociendo la eficacia del entrenamiento. Cuando empezábamos a utilizar la estufa en el otoño, yo invitaba a los pequeños a ver los fascinantes llamas. Por supuesto, ellos siempre querían tocar, así que los mantenía alejados hasta que la estufa se calentara como para causar dolor sin ocasionar quemadura seria— probando con mi propia mano. Cuando el calor estaba en su punto, abría la puerta el tiempo necesario para que los atrajeran las llamas. Luego me alejaba. El niño inevitablemente corría hacia la estufa para tocarla. En el momento en que su mano tocaba la estufa yo decía: "¡Caliente!" Por lo general era necesario repetir esto dos o tres veces, pero todos aprendieron la lección. Fuera de las sesiones de entrenamiento, en las que nunca hubo ni ampollas, jamás se nos quemó ningún niño. Fue tan efectivo que, de allí en adelante, si quería verlos dar un salto hacia atrás lo único que tenía que decir era: "¡Caliente!" Soltaban hasta un vaso de agua fría.

SENSACIÓN DE AHOGO

Cuando nuestros hijos eran pequeños, teníamos un estanque cerca de la casa. Cuando daban sus primeros pasos y salían al patio, siempre los vigilábamos estrechamente. Pero, conscientes de la posibilidad de que un día los perdiéramos de vista, echamos a andar el entrenamiento. Un cálido día de primavera seguí al primer par de piernas tambaleantes hacia el agua tan atractiva. Ella jugó cerca de la orilla hasta que encontró la manera de llegar al agua. Me puse cerca de ella mientras se inclinaba tratando de alcanzar el brillante espejo de colores... ¡y cayó al agua! Contuve mi ansiedad el tiempo necesario para que se enderezara en el agua fría y se diera cuenta de su imposibilidad para respirar. Cuando cundía el pánico (el mío y el de ella, por no mencionar el de su madre), la saqué y la regañé por acercarse al estanque. No tragó nada de agua, ni hubo necesidad de maniobras de resucitación—excepto con mi esposa, que tardó varias horas en volver a respirar en forma normal. Repetimos el mismo proceso con todos los hijos. Sólo fue necesaria una vez para que cada uno de ellos aprendiera a respetar el agua. Y eso nos hizo la vida mucho más fácil a nosotros.

Sí tuvimos dificultades con una de ellas. Ella es la que empezó a gatear a los cuatro meses y a caminar a los siete. Siempre tuvo una coordinación admirable. Simplemente no caía. Me cansé de llevarla al estanque. Así que tuve que empujarla para que se pudiera graduar. Ella nunca lo supo. Mientras se balanceaba sobre el agua, le di un empujoncito con el pie. Sigo pensando que si la hubiera dejado, ella hubiera podido salir a nado. Pero le causó suficiente aflicción como para que ya no deseara jugar cerca del estanque.

No, no permanecieron temerosos del agua. Todos mis hijos sabían nadar para cuando cumplieron cuatro años. Seguíamos vigilándolos estrechamente, y nunca estuvieron en peligro. El entrenamiento funcionó. No intentes hacer esto a menos que estés bien seguro de que puedes mantener control absoluto sobre todas las circunstancias.

"¡BÁJENSE A PRISA!"

Cierto invierno, cuando mis dos niñas tenían nueve y once años, iban conmigo en un viejo camión de doble tracción. El camino de gravilla estaba lleno de baches. Cuando me detuve en un crucero, oí que los dos acumuladores de 12 voltios ubicados detrás de los asientos, hicieron corto circuito y empezaron a hacer arco. Era inminente una explosión que rociaría el ácido de las baterías. Las niñas no entendían nada de esto. Sin embargo, cuando ordené (en esta ocasión con voz fuerte) "¡Salgan rápido!" no preguntaron "¿Por qué?" Yo me bajé inmediatamente para correr a abrir la puerta de ellas que por lo general se atoraba. En cuanto salí por mi lado, miré sobre el hombro para ver cómo estaban ellas. No se les veía. La puerta todavía estaba cerrada, y la ventanilla que también se pegaba, estaba abierta sólo hasta la mitad. Pero a ellas no se les veía por ninguna parte. Cuando llegué al otro lado del camión, allí estaban en un montón sobre la gravilla, masajeándose las manos y rodillas adoloridas. Les pregunté: "¿Cómo lograron salir?" "Por la ventanilla," contestaron ahogándose. "¿De cabeza?" pregunté. "Tú dijiste que saliéramos rápido," fue su respuesta acusadora.

Mi hijo, que venía manejando otro camión atrás de mí, dijo: "Yo no me explicaba qué era lo que sucedía. De pronto las dos salieron volando por la ventanilla y cayeron en el camino." Yo las había entrenado para que brincaran al escuchar la orden. Así lo hicieron. Puede ser que llegue el día en que su seguridad o supervivencia dependa de su obediencia instantánea. Más de una vida se ha salvado con obedecer a la orden: "¡Agáchate!" o "¡Al suelo todos!"

ENTRENA PARA LA REALIDAD

El mundo a veces es un lugar hostil. El niño debe aprender a temprana edad a tomar precauciones. No le des a tu hijo una percepción modificada de la realidad. Hay que enseñarles acerca de las alturas y las caídas, rifles, el peligro de cuchillos y tijeras, las precauciones que hay que tomar con objetos puntiagudos y ganchos de alambre, el terror del fuego y los peligros de venenos y de la electricidad. Enséñales, adiéstralos, muéstrales ejemplos. Exponlos a la muerte—la muerte de una mascota o la víctima de algún accidente. Esto se ha de hacer con una reverencia calmada y tranquila, no con temor. No te excedas. Uno o dos ejemplos bastan para un niño de tres años. Controla su ambiente, pero no los aísles de la realidad. Exponlos a la realidad a un nivel que ellos puedan comprender y con una frecuencia adecuada a su madurez. La meta es que el entrenamiento vaya un paso adelante de cualquier asalto externo, y que sean conocedores antes de que tengan qué enfrentarlo por sí solos.

¡FIRMES, YA!

Yo soy el General. Mi esposa es mi asistente y consejera—la que tiene el mando en mi ausencia. Yo gobierno con benevolencia. El amor y el respeto son mis principales herramientas de persuasión. Yo voy adelante, no doy órdenes desde algún bunker distante. Los míos saben que yo pondré mi vida por ellos; consecuentemente, ellos pondrán su vida por mí. Ellos encuentran gozo y satisfacción con pertenecer al equipo. Parte de su trabajo en equipo consiste en obedecer una orden al instante. De esta manera, el equipo de casa funciona armoniosamente y alcanzamos los objetivos que tenemos en común.

Les he enseñado a los hijos a obedecer primero y hacer preguntas después. Cuando eran pequeños y los ponía a hacer ejercicios militares, aprendieron a hacer inmediatamente lo que yo les mandara. Si alguna vez no obedecían instantáneamente alguna orden, yo los adiestraba. "Siéntate. No hables hasta que yo te lo indique." Entiendan, yo no estaba desahogando mis frustraciones. Todo se hacía con máxima amabilidad. Yo les decía: "Párate. Ahora ven acá. Ve a tocar la puerta." Y antes de que llegarán hasta allá: "Siéntate." ¡Plop! Allí se dejaba caer. "Ahora, ve a tu cuarto y recoge." Como orgullosos soldaditos, se marchaban a realizar lo encomendado.

Si alguno de ellos llegara a manifestar actitud de disgusto, se le vareaba—sin precipitación ni hostilidad, entiendan bien. La negligencia o la torpeza requería de paciencia y gracia, pero la rebeldía perezosa se castigaba con la vara.

Esto pudiera sonar áspero o frío. Espero que no suene así, porque era cálido, amigable, tierno, y producía hijos y adultos confiados, calmados, diligentes, y leales. En realidad, como resultado de nuestra constancia, les pegábamos a los niños sólo muy esporádicamente. Pronto descubrieron que toda transgresión *"recibía justa retribución."* Ellos sabían que sin lugar a dudas, la obediencia impuntual conduciría a un encuentro con la vara. La obediencia demorada se manejaba como desobediencia. Semejante firmeza con constancia les da a los niños una gran seguridad.

Hasta el día de hoy, sin mirar a mis hijos, puedo tronar los dedos, señalar al piso, y todos (incluyendo los que miden más de dos metros) se sientan inmediatamente. Puedo señalar la puerta, y todos se salen. Cuando una visita se convierte en una sesión de consejería, he dado la señal para que todos los hijos salgan de la pieza, y los visitantes jamás supieron qué fue lo que movió a todos a salir. Enseña a tus hijos a responder de inmediato. Será para beneficio de ellos. Los hará más amorosos, lo cual produce más amor.

CAPÍTULO 11

Entrenamiento Para Usar el Baño

SE ACABARON LOS PAÑALES

En un viaje misionero a Centro América, nos quedamos asombrados ante la costumbre de los indios maya de no poner pañal a sus bebés antes de envolverlos para cargarlos. Todos sus bebés estaban entrenados para controlarse. Después de experimentar con los nuestros y observar más detenidamente, descubrimos que los bebés nacen con una aversión a ensuciar su "nido." Los padres los "desentrenan," obligándolos a acostumbrarse a ensuciar su ropa o sus pañales. El niño protesta instintivamente ante una evacuación intestinal. Patea, se pone rígido y se queja. Mi esposa, muy sensible a las señales de advertencia (después de cambiar 17,316 pañales con los primeros tres), lo intentó cuando llegaron los otros hijos. Cuando percibía que el niño estaba a punto de "hacerse" lo llevaba al baño y lo descubría para sentarlo con las piernas abiertas. Dejaba chorrear un poco de agua tibia sobre los genitales del niño para provocarlo a orinar. Cuando el niño empezaba a orinar, ella decía: "pipí." En otras ocasiones, si no se daba cuenta, y ya había iniciado una evacuación intestinal, corría con el niño para que terminara en la tasa, diciendo: "popó, popó." Aun cuando el niño ya hubiera terminado su evacuación, lo sentaba en la tasa para reforzar el entrenamiento. El niño llegaba a identificar las palabras con la función muscular. Nuestros niños llegaron a estar tan bien entrenados para responder a la orden verbal, que teníamos que tener cuidado de no decir las palabras en un momento inoportuno. Podíamos estarle presumiendo al vecino, decir las palabras mágicas y desencadenar una evacuación.

Ahora, algunas madres incrédulas han dicho: "Los entrenados son ustedes, no el bebé." Así como la madre percibe cuando su bebé tiene hambre o sueño, puede saber cuando necesita ir al baño. El bebé de veinte días está haciendo todo lo posible por comunicarse.

Mi suegra era igualmente escéptica hasta el día que mi esposa le dijo: "Detente en la siguiente gasolinera, el bebé quiere ir al baño." Se detuvieron, y cuando Deb salió del baño con un niño de tres meses, totalmente relajado, mi suegra se convenció.

Durante un tiempo, nuestro baño se convirtió en el destino final de una larga procesión de peregrinos que venían buscando la fe en este aspecto del entrenamiento de los bebés. En muchas ocasiones nuestras niñas con sus caritas enrojecidas levantaban la mirada para ver una gran nube de testigos asombrados revoloteando curiosos en nuestro enorme baño.

Entiendan, no es que al niño se le obligue a estar sentado un largo rato esperando hacer "pipí." No representa ninguna incomodidad para el niño. El bebé se acostumbre muy pronto a hacer aproximadamente cada dos horas, o según su horario de dormir y comer. Otras muchas personas también han tenido éxito en el entrenamiento de sus bebés para ir al baño.

UN CHORRO DE AGUA CUANDO SE HAGA

Un buen amigo y vecino tenía un grandulón de tres años que jugaba en el patio martillando clavos y llenando el pañal. Yo sugerí que era tiempo de hablar hombre a hombre con el muchacho respecto a las consecuencias ambientales de aportar cantidades tan grandes de plástico al basurero municipal. El padre me explicó que no quería crear culpabilidad ni reprimir la personalidad del joven. Yo comprendía bien su preocupación, pues he visto padres impacientes y turbados que dañan terriblemente a sus hijos con maltrato verbal. Así que sugerí un ejercicio de entrenamiento.

Primero, señalé que la madre del niño, ocupada con los otros niños, cargaba a este muchachote varias veces al día, le hablaba dulcemente, lo acostaba en una cama, le quitaba el pañal sucio, lo limpiaba con agua tibia, le frotaba un poco de crema en las rozaduras y luego le ponía un nuevo pañal, suave y fresco. Para él, llenar el pañal era una manera de conseguir la atención exclusiva de su mamá. Ahora, comprendo que en este asunto no hay culpa ni acusación, especialmente por parte del niño. Pero sí hay un gran inconveniente (excepto para el niño, a quien le encantaba la experiencia y quien seguramente lo esperaba como momento más deseado de su día).

Enseguida le sugerí al padre que le explicara al muchacho que "Como ya era hombre, no se le podía seguir lavando dentro de la casa. Era demasiado grande y apestoso como para lavarlo con toallitas húmedas de bebé. De hoy en adelante, se le lavaría afuera con una manguera de jardín." No se iba a culpar al niño. Sólo había que hacerle entender que este es un cambio progresivo de métodos. En la siguiente ocasión, el padre lo sacó y alegremente, y diría yo, descuidadamente, lo lavó. Con el fresco del otoño y el agua helada de la noria, no recuerdo si hubo necesidad de un segundo baño o no, pero una semana más tarde el padre me dijo que su hijo ya iba al baño solo. El niño había pesado las alternativas y optó por cambiar su estilo de vida. Desde entonces varios más han sido receptores de mi intrusión, y generalmente no se requieren más de tres alegres baños.

YA SE DESCUBRIÓ EL PASTEL

Un pequeño rellenador de pañales hizo cara de sorpresa cuando lo lavaron con la manguera. Luego apretó los dientes y se adaptó al inconveniente. Cuando los padres comprendieron que estaban frente a un mártir duro y decidido, se sostuvieron con lo de los manguerazos, pero buscaron otra solución. La madre comprendió que como este era su último bebé, lo que sucedía era que ella simplemente no quería que el niño creciera. Él disfrutaba siendo bebé, tanto como ella disfrutaba tener bebé.

Estos padres, conscientes de las necesidades nutricionales de sus hijos, no les daban muchas golosinas. En los casos excepcionales cuando lo hacían, era toda una fiesta. Este pequeño era un espartano cuando se trataba de aguantar incomodidades físicas, pero ¡cómo le gustaban las golosinas! La madre sabia le dijo al muchacho: "Hijo, Mamá ha decidido que no tienes edad para estar comiendo golosinas, así que mientras no crezcas un poco y dejes de hacerte en el pañal, no podrás comer nada dulce." Durante una semana el niño se mostró tan monástico respecto a lo dulce como respecto a la manguera. Luego llegó el día de comer hotcakes. Como no usaban miel, se les permitía una cucharadita de azúcar pulverizada por cada hotcake. Después de observar que los otros niños recibían su azúcar, el desilusionado muchacho le dijo a Mamá: "Me gusta mucho el azúcar pulverizada en mis hotcakes." Ella le contestó: "Yo lo sé, pero aún no tienes edad." Después de su desayuno austero de hotcakes sin azúcar, se bajó de la silla, se acercó a su mamá, y con toda la solemnidad del que está tomando una decisión revolucionaria para toda la vida, anunció: "Mamá, estoy listo para dejar los pañales. ¡Quítamelos!" Y eso fue todo. Desde ese momento en adelante iba al baño solo. Una semana más tarde, el hombrecito, que ahora poseía un carácter más disciplinado, se sentó a la mesa, con su pantalón seco, y desayunó sus hotcakes coronados con una cucharadita de azúcar pulverizada.

UNA PALABRA DE ADVERTENCIA

Orinarse en la cama o ensuciar el pañal no es asunto moral ni de carácter. Se trata de una función natural y fisiológica. No permitas que tu orgullo le haga daño a tu hijo. No importa cuánta vergüenza o pena sientas, no apliques presión emocional. Él es producto de tu entrenamiento y condicionamiento.

Si tienes un hijo mayor que se orina en la cama mientras duerme, entiende que no se trata de un acto consciente que puede ser corregido con los métodos anteriormente mencionados; tampoco es un problema de actitudes que se pueda manejar con disciplina. El problema pudiera ser físico o emocional. Como quiera que sea, cómprate un juego de sábanas de plástico y enseña al muchacho a cambiar su propia ropa de cama. Por ningún motivo lo avergüences ni le hagas sentir culpable.

Si sospechas que pudiera ser emocional, busca el problema dentro de ti mismo y corrígete. El niño crecerá y madurará cuando esté en un ambiente de amor y seguridad.

CAPÍTULO 12

Mano de Obra Infantil

LABORES DOMÉSTICAS

"Resulta más fácil hacerlo yo mismo," es una respuesta común. Otra madre dice: "Pero me siento culpable cuando los pongo a trabajar, eso me toca a mí." Una de las áreas de debilidad en nuestra familia ha sido la de las labores domésticas. Les asignábamos trabajos a los niños aquí y allá, pero les entrenamos muy poco para seguir una rutina. Si lo hiciera de nuevo, dedicaría mucha más atención a esta área. En los primeros años, la madre es la principal responsable de este entrenamiento. Cuando el niño ya tiene edad para sacar un juguete, tiene edad para volverlo a guardar.

Mamá, haz que tu tiempo de interacción siempre sea entrenamiento. Es natural y divertido. En lugar de jugar a: "Te voy a atrapar," juega: "Así se guardan los juguetes. Mira, yo guardo uno, ahora tú guarda uno. Eso es. Eres un niño muy listo, y le ayudas tanto a Mamá." Las labores deben estar al alcance de su poder de concentración. Un exceso los cansará; demasiado poco evitará que tenga sentido.

Cuando tienen menos de cinco años, consume más tiempo ser su "patrón" que ser su siervo. Pero el mejor momento para establecer hábitos para toda la vida es antes de los cinco años de edad. Para cuando tienen cuatro o cinco años, no sólo deben sentirse deseados sino necesarios. Mis vecinos mennonitas dicen que antes de los siete años los niños son una carga para la familia. Entre los siete y los catorce se sostienen a sí mismos. De los catorce en adelante se convierten en un recurso que produce utilidad. Para cuando el niño llega a los siete años, debe estarte haciendo la vida más fácil. Una casa llena de muchachos de siete años debe sostenerse sola.

Es esencial para la auto imagen del muchacho, que sienta el valor de su aportación. Aunque pudiera ser lento en su trabajo, será más feliz cuando su participación es importante. Mamá, si tomas un poco de tiempo para entrenarlos cuando son jóvenes, podrás descansar cuando sean mayores.

Enséñales a recoger todo lo que desordenan, y desordenarán menos. Reparte las labores domésticas entre ellos según su tamaño y capacidad. Un niño que está trabajando por abajo de su habilidad estará aburrido y descontento. El niño que enfrenta retos estará alegre. No pagues ni sobornes para que el niño trabaje. Ahora, se deben hacer excepciones cuando se trata de un trabajo que no es parte de las labores domésticas de rutina. Cuando se realiza un trabajo por pago, ellos podrán compartir las utilidades en <u>proporción realista</u> a su trabajo.

Una madre siempre debe tener presente que está formando a sus hijas para que sean futuras esposas y madres. Permite que enfrenten retos en costura, cocina, limpieza y aprendizaje respecto a todo. Permite que metan las manos en la masa (a menos que venga a cenar el instructor de entrenamiento infantil). Desde que tengan edad para relatar algo, deben estar hablando de lo que "Mamá y yo hicimos hoy."

Padres, para cuando los niños sean capaces de seguirlos a ustedes, deben estar "ayudando" con su trabajo. Mis muchachos estaban subiendo entre el aserrín y tropezando con las ramas antes de que alcanzaran a asomarse por encima de mis botas. Metían leña a la casa cuando todavía tenían que hacer equipo para hacerla rodar por la puerta. Si abandonas a tus hijos para que los críen las mujeres, no te extrañe si a los dieciséis años se portan más como hijas.

Recientemente, al pasar frente a la casa de un vecino, observamos una escena interesante. El padre estaba parado pacientemente junto a sus dos hijos (de uno y dos años de edad), dirigiéndolos mientras doblaban una lona. Las piernitas gordas y tambaleantes del más pequeño estaban separadas por un pañal suelto que obviamente necesitaba ser cambiado. Pero ya se estaba preparando para ser el "brazo derecho" de Papá.

Cuando las familias formaban parte de una unidad familiar más grande, o incluso cuando los niños estaban en la escuela pública, la ausencia de la figura paterna era menos importante. Pero cuando un padre que trabaja deja a sus muchachos con una bandada de niñas para ser instruido en casa por su mamá, frecuentemente les falta masculinidad.

En la educación moderna se rebaja la distinción entre el papel que juega cada sexo. No permitas que una asamblea de brujos sodomitas y socialistas que se esconden tras su título de sicólogos profesionales, reprograme tus sentimientos naturales respecto a la distinción entre el sexo masculino y el femenino. <u>Un niño necesita el ejemplo de un hombre si se espera que llegue a ser hombre.</u>

ESPOSA, ¿QUISIERAS DECIR ALGO? (POR DEBI PEARL)

Uno de los aspectos más importantes del entrenamiento de un niño es permitir que el niño asuma responsabilidades reales. El niño necesita ver que su aportación al funcionamiento de la casa es vital. Si se entrena en este sentido se evitan los conflictos y discusiones respecto a las tareas domésticas cuando los niños sean más grandes. Invierte unos minutos con cada niño todos los días, repasando diversas tareas paso a paso. Cuando nuestra hija menor tenía siete años necesitaba una tarea que requiriera diligencia, así que le encargué a ella la responsabilidad de cuidar del baño principal. No sólo lo limpiaba, sino que era responsable de asegurar que tuviera todas las provisiones necesarias.

Cuando llegó el momento para que nuestra hija mayor se fuera a un instituto bíblico llamó a sus hermanas de nueve y once años y les delegó sus responsabilidades. Mientras yo observaba cómo las entrenaba en las diversas tareas, incluyendo lavado de ropa, cocina y limpieza de la cocina, me convencí de que yo había hecho algo correctamente. Era un cambio de mando, un momento muy solemne y emocionante para las niñas menores. Para la hija mayor, que se despedía, era un día de gran orgullo por el hecho de poder encomendar sus responsabilidades a sus hermanas menores. Durante el año siguiente observé cómo las dos hermanas menores asumían todas las tareas domésticas de ella con gran dignidad.

Aun cuando yo sigo siendo la mamá, ellas son las segundas de a bordo. Frecuentemente he regresado a casa después de una extenuante sesión de consejería, para encontrar la comida preparada, la casa limpia, la ropa lavada y dos muchachas sonrientes que hacen una graciosa caravana cuando yo entro. En muchas ocasiones, después de pasar una larga mañana animando a una madre exhausta, fatigada y sobrecargada, escuchábamos un alegre llamado. Encontrábamos la mesa llena de pequeños que ya estaban comiendo, y platos preparados para las mamás. Una experiencia como esa es más persuasiva para una madre, que toda la enseñanza que yo le pudiera dar. Por cada minuto que inviertes en el entrenamiento de tu hijo, recibes una recompensa de cien tantos.

Nuestros hijos aprendieron varios oficios antes de que cumplieran catorce años. Podían atender la granja, trabajar en construcción, talar árboles, buscar hierbas medicinales, y cortar nogales. Les encanta trabajar. La disciplina que se aprende en el trabajo se traduce en disciplina en los estudios. El que no ha aprendido a soportar la rutina del trabajo no ha terminado su educación. Existe cierta confianza que no se obtiene sino por el trabajo exitoso de las propias manos.

Recientemente hubo una muerte en una de las familias mennonitas de nuestra comunidad. Varios de los hermanos y hermanas adultos regresaron para sepultar a su amado hermano. Todos estos hermanos fueron criados bajo el mismo régimen de trabajo duro, disciplina meticulosa, y sólo un certificado del octavo grado en la escuela mennonita. En el cajón de madera de pino bajo el manzano, junto a la antigua iglesia, yacía un agricultor que probablemente nunca haya ganado más de dos o tres mil dólares al año.

Los cinco hermanos presentes parecían fuera de lugar en esa escena primitiva. Uno de ellos es neurocirujano, otro abogado, otro planificador urbano y otro, experto en computación. El quinto ha triunfado en la vida; tiene un matrimonio feliz y es granjero mennonita. Si consideras que los primeros cuatro han triunfado, debes saber que no fueron las oportunidades académicas tempranas las que les proporcionaron esas ventajas. Era la confianza y el empuje que se desarrollan como resultado del trabajo pesado y una meticulosa disciplina en el contexto familiar.

CAPÍTULO 13

Entrenamiento de Actitudes

PASTOREANDO PEQUEÑOS CORAZONES

La actitud de tus hijos es mucho más importante que sus acciones. Si su capacidad de concentración, facultad de discernimiento y disciplinas físicas estuvieran a la par de sus intenciones, entonces siempre se les podría juzgar exclusivamente por sus acciones. Sin embargo, siendo lo que es la debilidad de la carne, las intenciones son una mejor expresión de lo que es el carácter del niño. Cuando un niño tiene un corazón inocente, la torpeza o un error de cálculo se puede aceptar como perfección.

Por ejemplo, cierta madre dejó a su niñita atendiendo labores domésticas menores. Al regresar descubrió que la niña voluntariamente había ampliado su papel. Había quitado la ropa del tendedero, la había doblado y guardado. El único problema era que parte de la ropa aún estaba húmeda. Esta madre, viendo el brillo de orgullo en los ojos de la niña, aceptó la ofrenda como perfecta. No fue sino hasta después de que la pequeña ayudanta hubiera salido a jugar, que la madre sacó la ropa húmeda y la regresó al tendedero. Posteriormente entrenó a su hijita para que pudiera distinguir entre ropa húmeda y ropa seca.

El entrenamiento debe contemplar acciones, pero la disciplina se debe ocupar únicamente con las actitudes del niño. Da pena ver que los padres se molesten con un niño porque tira la leche o exhibe de alguna manera su torpeza natural. Júzgalos como Dios nos juzga a nosotros—por el corazón.

Por otra parte, hay ocasiones en que no existe desobediencia, pero la actitud es absolutamente reprobable. Los padres deben estar atentos para discernir actitudes. Si esperamos a que las acciones se vuelvan irritantes para iniciar la disciplina, estaremos tratando sólo con síntomas superficiales. La raíz de todo pecado es el corazón. Conoce el corazón de tu hijo, y protégelo. *"Sobre toda cosa guardada, guarda tu corazón; porque de él mana la vida (Proverbios 4:23)."* Pasarán varios años antes de que tu hijo sea capaz de *"guardar"* su propio corazón; mientras tanto, se te ha confiado a ti. Consideremos algunos ejemplos de la vida real.

UNA ADOLESCENTE ARROGANTE

Una madre muy agotada, con varios hijos, que en ocasiones parece tan emocionalmente desgastada como una antigua bandera de los confederados, comentó respecto a sus fracasos con su hija de trece años. Cuando a la hija se le pidió que le cambiara el pañal a uno de los niños pequeños, hizo un gesto de mal humor y miró a su madre como para decir: "¿Por qué me haces esto?" La madre tomó esta reacción como una carga adicional. Cuando la hija se había alejado y no alcanzaba a escuchar, la madre dijo con tono resignado: "Mi hija tendrá que dar cuentas a Dios de sí misma. En un tiempo yo me sentía culpable, como si mis pecados se reflejaran en mi hija; pero –en voz menos audible como por falta de certeza– ella tendrá que encontrar a Dios por sí misma.

Esta madre tiene varios hijos pequeños y un pavor ante la posibilidad de que vengan varios más. Con todas las responsabilidades de la instrucción en el hogar y una vida rústica, ella está demasiado abrumada emocionalmente como para soportar la responsabilidad por una tan grande como la de trece años. Era como si se estuviera dando por vencida con ésta para dedicar las fuerzas que le quedaran a los que venían después.

El trabajo arduo nunca es tan agotador como la tensión. El que está emocionalmente desalentado despierta cansado. La hija de trece años, que debía ser una bendición y aliento para su madre, es una carga adicional. Si esta hija mayor hubiera recibido el entrenamiento adecuado, la madre no estuviera tan enfadada ahora.

No es imposible, pero sí es mucho más difícil cambiar la actitud de los hijos mayores. Llegan a cierto punto en el que es necesario apelar a ellos y razonar con ellos como lo haría uno con otro adulto. Cuando un niño alcanza la edad en la que es capaz de poseer las riendas de su propio corazón, se le tiene que ganar, como el pecador es ganado por el Espíritu Santo.

EMPEZAR DE NUEVO

Quienes tienen hijos en escalerita, en un deprimente estado de desorden, pudieran sentirse desalentados ante la aparente imposibilidad de volver a entrenar la familia entera. Empiecen con los pequeños, los que aún están en edad de mejorar rápidamente. Sean absolutamente constantes y no permitan que los mayores les desalienten. ¡Ya llegará el tiempo de ellos!

Existe un maravilloso principio sicológico que actúa a su favor. Cuando el ejército se instala en una región que se encuentra en un estado de anarquía general y restaura el orden, los demás distritos toman nota y voluntariamente se empiezan a calmar. Confiesen a sus hijos mayores que han fallado en su entrenamiento—acepten la culpa. Pero ahora que han aprendido, van a hacer las cosas de manera diferente con los menores. Los hijos mayores, consentidos, se pondrán a observar. Cuando vean la menor mejoría en sus hermanitos consentidos, se pondrán del lado de ustedes—aunque quizá no lo digan. Cuando estén convencidos de una transformación absolutamente positiva en sus hermanos menores, ellos desearán anotarse en la lista de rescate. Mientras ustedes sigan siendo compasivos, sensatos y benevolentes, se someterán a tu disciplina, convencidos de que es para su propio bien.

Cuando se lleguen a presentar tiempos de anarquía, tu control los sostendrá hasta que sus sentimientos se estabilicen y puedan ver las cosas más objetivamente. Cuando hayas conquistado a uno, los demás estarán convencido del rumbo que llevas y estarán mas seguros de que es en serio. Cuando encierras a un perro, éste correrá alrededor buscando hasta asegurarse de que no existe ninguna salida, y luego se tranquilizará. Una vez que hayas convencido al hijo de que no existe alternativa, se someterá.

El amor propio natural de tus hijos hace que asuman la postura más cómoda en determinada circunstancia. Tus hijos se aman a sí mismos demasiado como para resistirse ante lo inevitable. Pero recuerda, ellos te conocen como un debilucho vacilante, que nunca sostienes tus principios, y que los ignoras a ellos cuando hacer lo contrario resulta inconveniente. Ellos se encargarán de que sea inconveniente. Empieza con el menor y de allí hacia arriba. Adviérteles respecto a lo que viene. Sonríe, cuentas con armas secretas: Un plan, Amor, Paciencia, Represión, LA VARA DE LA CORRECCIÓN, y Perseverancia.

RABIETAS Y BERRINCHES

Mis hijas de nueve y once años regresaron de la casa de una vecina quejándose de que la madre joven no entrenaba a su hijo. El niño, de siete meses, cuando no se hicieron las cosas a su manera, se había puesto tieso, cerró el puño, enseñó sus encías sin dientes, e invocó condenación sobre todos los presentes. En un momento de esos, la expresión de enojo en el rostro de un bebé no difiere en nada del que incita a un motín. La joven madre, queriendo hacer lo correcto, se quedó parada, impotente, consternada. Encogió los hombros como disculpándose y preguntó: "¿Qué puedo hacer?" Mi hija de nueve años, incrédula contestó: "Péguele." La madre contestó: "No puedo, es demasiado pequeño." Con la sabiduría de una veterana a quien le había tocado recibir los varazos, mi hija contestó: "Si tiene edad para hacer un berrinche, tiene edad para recibir varazos."

PERSEVERANCIA

Algunos han preguntado: "Pero, ¿qué sucede si el niño sólo grita más fuerte y se enoja más?" Debes saber que si está acostumbrado a salirse con la suya, puedes esperar precisamente esta reacción. Simplemente seguirá haciendo lo que siempre ha hecho para conseguir lo que quiere. Su intención es intimidarte y hacerte sentir que eres un despótico tirano. No te dejes intimidar. Dale más de lo mismo. Varéalo ocho o diez veces en la pierna desnuda o en el trasero. Luego, mientras esperas a que se calme el dolor, dile palabras calmadas de represión. Si su llanto se convierte en un quejido auténtico, herido, sumiso, lo habrás conquistado; ha sometido su voluntad. Si su llanto sigue siendo desafiante, de protesta o cualquier otra cosa que no sea una respuesta al dolor, pégale de nuevo. Si esta es la primera vez que se enfrenta a alguien que es más tesonero que él mismo, pudiera llevar tiempo. Se tiene que convencer de que en realidad has modificado tus expectativas.

No existe ninguna justificación para que esto se haga con ira. Si sientes el menor enojo, espera otra ocasión. La mayoría de los padres están tan cargados de culpabilidad y paranoia que son incapaces de llevar esto hasta sus últimas consecuencias.

Si te detienes antes de que el niño se someta voluntariamente, habrás confirmado en él el valor y la eficacia de los gritos de protesta. En la siguiente ocasión, tardarás el doble para convencerlo de tu decisión de hacerlo obedecer, porque habrá aprendido que puede triunfar mediante la perseverancia en este episodio en el que ha prevalecido. Una vez que haya aprendido que la recompensa por un berrinche es una vareada inmediata y fuerte, JAMÁS volverá a hacer otra rabieta. Si haces cumplir la regla tres veces y luego fallas en la cuarta, él seguirá buscando ese punto débil hasta que lo convenzas de que nunca volverá a funcionar.

Si los padres comienzan en la infancia, frustrando las primeras exigencias gritadas, el niño nunca desarrollará el hábito. En nuestra casa los berrinches eran totalmente desconocidos porque desde la primera vez que se intentaban hacíamos que fuera contraproducente.

PROTOTIPOS DE PADRES

Nunca esperes mejor actitud de tus hijos que la que modelas tú como padre o madre. Padres felices, bien balanceados que descuidan la vara y la represión, criarán hijos gruñones, quejumbrosos y berrinchudos. Pero, en una situación en la que uno o ambos padres son un desastre emocional, no se puede esperar mucho de los hijos. EL NIÑO SERÁ LA COSECHA DEL TEMPERAMENTO DE LOS PADRES. Si la madre es malhumorada, crítica o egoísta, los niños tenderán hacia lo mismo. Si el padre es un bravucón, iracundo o impaciente, sus hijos lo serán también. Si el padre es descortés, exigente e irrespetuoso con la esposa, puedes esperar lo mismo de sus hijos. Si el padre carece de dominio propio o es lascivo, los hijos probablemente serán peores. Dios dice que: *"visitará la maldad* (no la culpa) *de los padres sobre los hijos hasta la tercera y cuarta generación... (Éxodo 20:5)."* He visto a muchos hijos que aborrecen los pecados de sus padres, y llegan a ser iguales a ellos.

La lección aquí es esta: TIENES QUE SER lo que quieres que tus hijos sean—en actitud y en acciones. No intentes "eliminar lo feo" de tu hijo a golpes cuando <u>sólo es un exhibidor de tus propias actitudes</u>.

QUE NO MALTRATEN A MI BEBÉ

Un problema común, que se ve con más frecuencia en la madre, es el síndrome "Que no maltraten a mi bebé." Aún recuerdo cuando yo era joven, haber observado con indignación a un mocoso presumido y fanfarrón que amenazaba burlonamente con darle la queja a su mamá. ¿Cómo es posible que sus padres hayan producido tanta fealdad?

Es fácil. Sólo hay que sobreproteger a tu hijo e involucrarte emocionalmente en sus pleitos con otros niños. Permite que vea tu enojo cuando lo maltratan sus amigos, la niñera, los maestros u otros adultos. Hazle ver que tú consideras que él siempre tiene la razón y que otros buscan maltratarlo, pero que tú estás allí para asegurar que se le respete. Y para colmo, cuando alguien mayor que el niño viene a darte una queja contra tu hijo, acusa a esa persona de ser un mentiroso. Cuando tu hijo descubra que puede controlar cualquier relación social con sus amenazas, y que tú nunca creerás una acusación que se haga contra él, habrás criado una personalidad odiosa.

No le hará ningún daño a tu hijo si es acusado falsamente en alguna ocasión (así es la vida). Tarde o temprano tendrá que aprender a manejar eso. Cuando él sea acusado y tú tengas dudas respecto a su culpa, investiga el asunto pacientemente. Si llegas a la conclusión de que se le ha acusado falsamente, díselo y luego deja el asunto discretamente. Nunca le permitas ver que tomas partido con él para defenderlo.

Si llegara a ser golpeado por un compañero, alégrate; está descubriendo tempranamente lo que es el mundo real. No hagas de él un blandengue. Si saltas para defenderlo cada vez que otro niño le quita un juguete, lo tumba o incluso le propina un golpe en la cara, criarás un llorón social.

Cuando exiges que a tu hijo se le trate con justicia, lo estás protegiendo contra la realidad. Entre más pequeños sean, más fácil será que aprendan que no merecen igualdad en el trato. Tus reacciones no evitarán en nada que la vida trate a tu hijo con desigualdad. Pero sí pudieras crear una actitud de auto compasión. Si tú eres fuerte, él será fuerte.

¿POR QUÉ TODOS SIEMPRE ME FASTIDIAN A MÍ?

Mientras yo doy una clase de Biblia, mis dos hijas ayudan a cuidar una casa llena de niños menores de cinco años (cinco niños menores de cinco ya es una casa llena). Una de las madres regresó y encontró a su hija de tres años llorando porque había sido maltratada por un chico de menos de dos años. Todos coincidieron en señalar que el tambaleante pre-escolar en efecto había provocado un altercado de primera clase sin una provocación justificante. La niña, mayor y físicamente más fuerte, simplemente permaneció sentada en el piso y "volvió la otra mejilla," sólo para recibir una bofetada en esa también. En presencia de la niña, la madre la compadeció y criticó a su atacante.

Mis hijas observaron la situación detenidamente y en varias ocasiones vieron al pequeño asaltándola. Pero cuando las niñeras detuvieron al asaltante, cesó su mala conducta. (La mayoría de sus ataques eran resultado de caídas sufridas al intentar caminar.)

La niña, lista y en los demás aspectos muy linda, era muy obediente, pero había desarrollado el hábito de exhibir debilidad emocional para conseguir que se hicieran las cosas a su manera. Se queja por todo y parecería que sufre desproporcionadamente con su destino en la vida. La madre joven a fomentado esta tendencia.

Durante las semanas sucesivas, la madre recibía a su niña con un comprensivo interrogatorio respecto a sus sufrimientos en manos del acechador de guarderías de 60 centímetros. Las niñeras se dieron cuenta de que la "víctima" siempre daba un informe negativo. Se propusieron observar meticulosamente y estaban seguras de que en ocasiones en que no había habido ningún conflicto con el supuesto asaltante, la niña reportaba haber sido atacada. La observaron jugando tranquilamente hasta que llegaba la madre; en ese momento se ponía en pie de un salto y corría a los brazos de su compasiva madre con cuentos de maltrato.

Conforme crecían los relatos y la mala fama del tambaleante niño se incrementaba, la madre interrogaba con más cuidado a su hija. Se hacía evidente que la niña emocionalmente débil prosperaba con el papel de maltratada.

En cierta ocasión las niñeras observaron que la niña le decía al niño: "Pégame. Vamos, pégame." Cuando finalmente lo persuadió de que le diera un golpecito en la cabeza, corrió con las niñeras quejándose de haber sido golpeada. Esto se repitió en varias ocasiones. Así, cuando llegaba la madre la niña tenía un cuento de maltrato que nuevamente la convertía en objeto de la compasión de su mamá.

En una ocasión, cuando el chico estaba en otra pieza, la niña se dejó caer, llorando y quejándose de haber sido golpeada por él. Cuando llegó la madre y las encargadas le dijeron que su hija mentía respecto a los ataques, la madre nuevamente defendió a la niña y negó que su hija pudiera mentir.

Me alegro de poder informar que esta madre es una de las mujeres más dóciles que he conocido para recibir enseñanza. Al confrontarla, la madre comprendió que estaba propiciando que su hija se acostumbrara a violar el noveno mandamiento: *"No hablarás contra tu prójimo falso testimonio (Éxodo 20:16)."* Además se dio cuenta de que estaba cultivando una actitud de amargura en su niñita. Se arrepintió e inmediatamente empezó a corregirse. La actitud de la niña empezó a mejorar rápidamente.

MALA ACTITUD

Una mala actitud es del todo mala. Porque, *"cual es su pensamiento* (del niño) *en su corazón, tal es él (Proverbios 23:7)."* *"Sobre toda cosa guardada, guarda tu corazón; porque de él mana la vida (Proverbios 4:23)."* Si el niño manifiesta la menor inconformidad al responder a una orden o a un deber, debes considerarlo como desobediencia. Si un niño echa el labio inferior para afuera, debes concentrar tu entrenamiento sobre su mala actitud. Una mala posición de los hombros manifiesta un mal estado de ánimo. Considera esto como una señal de que es tiempo de instruir, entrenar o disciplinar. La norma es un espíritu alegre y obediente. Cualquier otra cosa es señal de problema.

Para aquellos cuyas familias siempre han estado fuera de control, estas metas parecen ridículas. Para algunos que ven que se tiene esta meta para su familia, esto parece una meta excesiva y poco realista. Acepto que si algunas familias simplemente elevaran sus normas para exigir de sus hijos este nivel de obediencia, sería excesivo. Pero cuando se considera como una remodelación de la familia entera, ya no parece imposible. El malhumor, quejumbres, lloriqueos, pucheros, ruegos y todo lo que se le parezca debe ser erradicado como una plaga.

Esto no es sólo una meta idealista a la que aspiramos en general, mientras que secretamente aceptamos conformarnos con algo menos; es la experiencia diaria de muchas familias, incluyendo la nuestra. Como en un jardín bien cuidado, sí salen hierbas malas que se tienen que desarraigar, pero nunca se les da oportunidad de que echen semilla. Sí surgen problemas, pero la base de entrenamiento que hemos descrito provee la certeza de tener un próspero jardín de niños.

CAPÍTULO 14

Control Emocional

LA FAMILIA MENNONITA

Cuando una familia mennonita viene de visita con sus doce hijos, pensarías que se trata de una delegación japonesa por todo su orden y dominio propio. Se les enseña a los niños a controlar sus emociones. Todos son muy respetuosos de nuestra propiedad y nuestra presencia. Cuando están en presencia de adultos, los niños no hablan ni juegan ruidosamente. Si se lastiman no lloran excesivamente. Los niños aprenden a ceder cuando alguien pisotea sus derechos. La clave de esta clase de orden es un entrenamiento y disciplina constantes.

ADOLESCENTE GRITÓN

Era una tarde de domingo cuando estábamos haciendo una comida al aire libre, y una muchacha de doce años que había estado jugando en los columpios empezó a gritar como quien estuviera a punto de morir. Si alguno de mis hijos hubiera gritado así, me hubiera imaginado que estaba en una máquina que come gente y que estaba siendo arrastrado lentamente hacia la destrucción. Todos aventamos nuestros platos de comida al suelo y corrimos al rescate. Parecía haberse caído del columpio, pero sin daño alguno. (Posteriormente descubrimos que le había picado una avispa). Cuando el padre intentó examinarla por lo que él creía era un brazo fracturado, ella se remolineaba y se agitaba, pataleaba y se retorcía. Parecía que estuviera atada a un hormiguero.

Durante los siguientes diez minutos su padre intentó conseguir que le hiciera caso, y exigía que le dijera qué era lo que sucedía. Ella no permitía que la examinara, pero seguía gritando. Después de los primeros diez segundos de eso le dije a mi esposa: "Esa muchacha no está lastimada, está enojada."

Mientras yo regresaba a buscar mi plato de comida, escuchaba que ocasionalmente el padre gritaba por encima de los gritos de ella: "¿Qué pasa mi amor? Dime dónde te duele." Yo sabía que no estaba seriamente lastimada, porque el que está gravemente herido no derrocha tanta energía. Además, los gritos sonaban a protesta—un grito de asaltada.

Después de que los señores hubieran contado algunas anécdotas adicionales acerca de sus viajes de pesca, vimos que pasaron llevándola cargada hacia la casa, donde su brazo fue pronunciado sano y salvo. Me alegré de que se la hubieran llevado adentro, porque con ese ruido de fondo, los señores ya empezaban a contar anécdotas de guerra. Ten cuidado de no hacer de tus hijos unos mentirosos emocionales debido a tu propia debilidad.

POBRECITO, ¿DÓNDE TE DUELE?

Por el bien de tus hijos, enséñales a conservar el control de sus emociones. Si no quieres criar blandengues que usen la adversidad como una oportunidad para conseguir atención, no los programes de esa manera. Cuando tu pre–escolar se cae al piso, no corras a levantarlo, hablándole con tono compasivo y alarmado.

Recuerdo que cuando yo tenía sólo ocho años, mi primo hizo un circo para divertir a todos los adultos presentes. Su hermanito menor estaba sentado en el piso jugando feliz, cuando mi primo dijo: "Vean esto." Hablándole al niño con tono lastimero y compasivo, le dijo: "Oh, ¿está lastimado el bebé? Pobrecito. ¿Qué te pasó? ¿Te duele? Enséñale a mamá." Efectivamente, mi primito que había estado tan contento, hizo pucheros, empezó a llorar, y se dirigió hacia su mamá en busca de apoyo emocional. Mientras los demás rugían, su mamá lo recogió, le sacudió la tierra imaginaria, le dijo que todo estaría bien, y lo volvió a sentar en el piso para que siguiera jugando feliz. Inmediatamente archivé eso para uso futuro. Con el paso de los años he vuelto a ver ese mismo fenómeno infinidad de veces. Sólo en una o dos ocasiones se hizo deliberadamente para divertir. Las demás veces una madre estaba corriendo para rescatar a su niño de sus males reales o imaginados. La única que lo estaba disfrutando era la madre compasiva.

ADOLESCENTES AGUANTADORES

Cuando yo era joven, decidí que jamás iba a criar blandengues. Cuando un bebé se caía y se golpeaba la cabeza, fingíamos ignorarlo. Si un pequeño se lastimaba, lo dejábamos tirado un momento, que llorara, luego se subiera para intentarlo de nuevo. Cuando a un niño se le volteaba el triciclo o se tropezaba en la tierra, dejábamos que lo resolviera solo. Cuando los jóvenes chocaban sus bicicletas y se pelaban las rodillas, no les hacíamos caso, excepto quizá para decirles: "No debes andar tan aprisa hasta que aprendas a montar mejor." Venían a la mesa a comer y veíamos rodillas ensangrentadas o manos talladas y decíamos: "¿Qué te pasó, tigre?" "Ah, nada. Me resbalé en la curva con la grava suelta. Creo que la próxima vez lo haré mejor." "Ten cuidado, no te vayas a fracturar un hueso."

Ahora bien, nuestras respuestas o falta de ellas no eran por indiferencia. Muy al contrario. En ocasiones teníamos que detenernos el uno al otro para permitir que nuestros hijos aprendieran las lecciones de la vida. En los casos en que era necesario administrar atención médica, lo hacíamos con calma y eficiencia, para luego regresarlos a su juego.

Tu reacción es fundamental para el desarrollo de carácter. No desearás producir un adolescente y finalmente un adulto que se hace daño cuando necesita atención.

Cuando yo era joven, vi que una muchacha adolescente, rechazada por su novio se fingía herida. Conozco a una mujer adulta que se lastima cada vez que se trastorna emocionalmente. Si en tu familia estos extremos nunca se presentan, de todas maneras será más agradable vivir con un niño, adolescente o adulto que no sea un llorón. Además, el futuro marido de tu hija te agradecerá que la hayas entrenado. Y tus hijos serán mejores hombres.

NO TE MUEVAS

Cuando nuestra primera hija era una niña pequeña, posiblemente de siete u ocho años, levanté la mirada y vi sobre su cuello una araña solitaria café. Su mordida es muy venenosa. Donde muerde puede destruir hasta medio kilo de tejido. Mi hija había aprendido a confiar y obedecer. Le dije: "No te muevas." Se quedó como congelada. No movía ni un músculo. El miedo hizo palidecer su cara mientras seguía nuestra mirada intensa y sentía el animal sobre su cuello. Yo podía ver que crecía en ella el impulso de darle un manotazo o de huir gritando. Se sostuvo completamente rígida mientras yo me acerqué lentamente, la alcancé y cuidadosamente aventé a la araña. Yo me alegraba de haberla entrenado para poder controlar sus emociones.

EL NIÑO CAÍDO

Yo iba en mi camioneta a cierta distancia detrás de una carreta de pastura tirada por caballos. De pronto un pequeño como de cuatro o cinco años de edad cayó de la parte posterior de la carreta al camino de grava. Nadie se había dado cuenta, y la carreta siguió adelante. Sentí el impulso de ir a rescatarlo, pero él saltó sobre sus pies y corrió a alcanzar la carreta. Después de varios intentos de subir, alguien lo vio y, tendiéndole la mano, lo subió a la carreta. Se sentó, se sobó los sitios lastimados y prosiguió al campo. Él no esperaba que el mundo se detuviera simplemente porque él estaba tirado en el camino, con excoriaciones. Me imagino el escándalo que se hubiera hecho si esto le hubiera sucedido a un niño moderno, consentido y sin entrenamiento.

BEBÉS QUE LLORAN, O LLORONES

Cuando los "gateadores" o "arrastradores" lloran, debe haber una justificación legítima. Si tienen hambre, dales de comer. Si tienen sueño, acuéstalos a dormir. Si realmente están lastimados, dales tiempo para que pase el dolor. Si están físicamente incómodos, ajusta su ambiente. Si están mojados, cámbialos. Si tienen miedo, abrázalos. Si están malhumorados, disciplínalos para que controlen su egoísmo. Si están enojados, varéalos. No peritas que tu hijo permanezca enojado. Satisface las necesidades reales y haz que su llanto egoísta sea una experiencia desagradable. La madre debe tener cuidado de prever las verdaderas necesidades del bebé y satisfacerlas en el momento y a los niveles oportunos. Sin embargo, cuando se le permite al infante obtener control sobre su ambiente por medio de lloriqueos, es el niño el que está entrenando a los padres.

CAPÍTULO 15

Entrenamiento Contra Desenfreno

SU ESPOSA ERA PURA GRASA

Los hábitos tempranos perduran toda la vida. ¿A qué se debe que algunas personas obesas se sienten impulsadas a comer cuando se sienten emocionalmente trastornadas? Cuando se enojan o se deprimen van al refrigerador en un intento de manejar los problemas. Mujeres grotescamente obesas me han dicho que no estarían gordas si no fuera por su impulso de sepultar sus desilusiones bajo una panza llena.

Ahora, no intento definir la causa de toda obesidad, ni tan siquiera la causa única de alguna; pero por lo menos es un factor que contribuye en algunos casos. ¿Cómo se estableció esta relación? Es extraordinaria la tendencia humana/animal de aceptar el acondicionamiento. Cada vez que pienso en una naranja e imagino comerla, siento una reacción muscular en la mandíbula. Experimento la acidez de la naranja cuando aún está en el árbol en Florida. Mediante experiencias repetidas, he sido condicionado de esa manera. Es involuntario. No puedo evitar la respuesta programada.

Cuando un bebé es amamantado, existen limitaciones físicas en cuanto a la frecuencia y el horario de su alimentación. En el bebé alimentado con biberón—aun cuando el biberón se use después de un año de lactancia materna—el biberón se convierte en una poderosa niñera. Es posible calmar al niño con trastornos emocionales con sencillamente introducir a su boca un chupón sintético. A medida que entra el alimento, sale la tensión y la ansiedad. Un niño iracundo se puede apaciguar con un chupón o un biberón. Es posible dormir al niño con alimento. Puedes conseguir alivio de casi cualquier estado mediante un biberón o un chupón. ¿Qué es lo que le estás haciendo a tu hijo? No sólo no está aprendiendo dominio propio, sino que ESTÁ APRENDIENDO A MANEJAR LOS PROBLEMAS METIÉNDOSE ALGO A LA BOCA.

La adicción a los cigarrillos no es sólo por la nicotina. ¿Has observado que la persona que deja de fumar frecuentemente traerá algo en la boca? Muchos árboles han sido consumidos, palillo por palillo, por ex fumadores que intentan apaciguar su adicción.

Muchas personas obesas no apetecen alimentos al inicio del día. Pero, conforme se acumulan las responsabilidades del día, su nerviosismo las impulsa al refrigerador. Por la tarde y la noche, cuando los problemas del día se han acumulado, el refrigerador se convierte en su apoyo emocional.

Estoy convencido de que los padres que proveen consuelo mediante alimentos o la sensación de mamar están entrenando sus hijos para que sean desordenados y desenfrenados. *"Templanza"* es uno de los frutos del Espíritu *(Gálatas 5:23)*. Padres, si ustedes no sólo complacen el apetito de su hijo, <u>sino que realmente lo usan como medio para comprar obediencia</u>, ¿qué están inculcando? Recuerden que el primer pecado humano tuvo que ver con la comida. La primera tentación que el diablo le puso al Hijo de Dios tuvo que ver con la comida. *"Y pon cuchillo a tu garganta, si tienes gran apetito (Proverbios 23:2)."* Hay un principio espiritual pertinente a esto que es mucho más profundo. <u>Permitir—o lo que es peor, fomentar—falta de dominio propio en alguna área es condicionar al niño para que sea desenfrenado en general.</u>

FALTA DE MODERACIÓN HEREDITARIA

El ejemplo de desenfreno de los padres en cierta área pudiera manifestarse en el hijo mediante una falta de dominio propio en otra área. Algunos hijos sienten tanto rechazo por la debilidad de sus padres que ponen cuidado especial para no caer víctima de esa debilidad. No obstante, el ejemplo de desenfreno en los padres se manifestará en otra área donde el hijo no está en guardia. Padres que son inmoderados en cuando a la comida pudieran tener hijos flacos que se vuelven desenfrenados en cuanto al sexo. Padres que son inmoderados en las posesiones pudieran tener hijos que son desenfrenados en cuanto a las drogas. La falta de moderación en cualquier área es un pecado grave y destructivo. Tus hijos segarán lo que tú siembras. *"No os engañéis; Dios no puede ser burlado; pues todo lo que el hombre sembrare, eso también segará. Porque el que siembra para su carne, de la carne segará corrupción... (Gálatas 6.7–8)." "No sólo de pan vivirá el hombre... (Mateo 4:4)."*

Si como adulto te das cuenta de que tus padres te han heredado su falta de dominio propio, puedes culparlos a ellos y seguir permitiendo que tu dios sea tu vientre, o puedes quitar la maldición por tu bien y por el de tus hijos.

He observado con tristeza cómo muchos hijos han sido instruidos en el arte del desenfreno egoísta por el ejemplo de padres que acumulan para sí mismos y para sus hijos las cosas de este mundo. Un hijo criado con abundancia de aparatos comerciales amontonados para su placer, es mucho más propenso a la envidia y la codicia que el niño pobre que encuentra satisfacción en las cosas sencillas de la vida. El niño que crece sin privación alguna tiene una gran desventaja en la vida real. Nunca consideres que tu prosperidad sea una ventaja para tus hijos. Es una desventaja por la que necesitas compensar. Considera las palabras de Jesús respecto a las desventajas del rico: *(Marcos 4:19; Lucas 12:15; I Timoteo 6:6–19; Santiago 5:1–5)*.

CAPÍTULO 16

El Bravucón

¿ESTÁN TODOS CONTENTOS?

Una de las reglas (más bien un principio) en nuestro hogar ha sido: "Si no es divertido para todos, no es divertido para nadie." Donde hay más de un niño, un juego limpio de lucha frecuentemente degenera en abuso. Nosotros evitamos al máximo intervenir. Si los niños tenían un conflicto social, procurábamos dejar que lo resolvieran. Es inevitable que se establezca la ley del más fuerte, pero si se llegaba a extremos o si ellos recurrían a nosotros, entonces interveníamos para arbitrar.

HASTA ESTALLAR

Imaginemos un caso muy posible: Una de las niñas está tratando de inflar un globo mientras su hermano, varios años mayor, (quien normalmente es muy amable con sus hermanas), le impide lograr su objetivo y se ríe ante sus impotentes objeciones. Al inicio ella está participando en el juego, pero pronto ella se cansa y empieza a resistirse en serio. Él está tan divertido que continúa, con mayor vigor, tratando de frustrar los esfuerzos de ella. Ella se está molestando y se queja. Él ríe más fuerte. Ella se empieza a resistir físicamente, apartándose, agitando los codos y gritando: "¡Déjame!" Él obstinadamente persigue su meta de demostrar su pericia como campeón desinflador de globos. El padre pregunta: "A ver, ¿cuál es el problema?" "Ah, nada, sólo estábamos jugando," dice el hermano. Ella protesta: "Él no me deja inflar mi globo." Así que ha llegado el momento de un poco de entrenamiento y represión.

EL ENFOQUE INCORRECTO

La manera incorrecta de manejar esto sería gritar impaciente: "¡Dale su globo para que se calle y se vaya de aquí! No me dejan oír ni lo que estoy pensando." Él le aventaría el globo con una sonrisa burlona de "Te gané," y ella intentaría inflarlo en presencia de él para demostrar su victoria. Seguirían compitiendo en silencio hasta que se presentara otra oportunidad para pelear.

Esto sucedería entre ellos como treinta veces al día. Quizá los vareas dos o tres veces, sin ningún resultado. Ella se convertiría en una chismosa chillona, y él en un malhumorado bravucón. Tú estarías haciendo el papel de árbitro que viene esperando un conflicto y estás allí para asegurar que sea justo. Lo que debes estar haciendo es funcionar como maestro de justicia.

EL MÉTODO CORRECTO

Intenta este método: Pregunta tranquilamente: "¿Qué sucede aquí?" El hermano responde: "Ah, nada, sólo estábamos jugando." Papá dice: "Hermana, ¿te estás divirtiendo?" Ella dice: "No, él no me deja inflar mi globo?" Papá le dice al muchacho: "Y tú, ¿te estás divirtiendo?" Él pone cara de desconcierto y dice: "Pues, sólo estábamos jugando." Papá pregunta: "Hermano, ¿tu hermana se estaba divirtiendo?" "No, supongo que no." "¿Te dabas cuenta de que no era divertido para ella?" "Pues, supongo que sí." "¿Cómo que supones? ¿Creías que ella se estaba divirtiendo o no?" "Bueno, yo sabía que a ella no le divertía." "¿Tú te estabas divirtiendo mientras ella sufría?" Silencio. "¿Puedes divertirte haciendo sufrir a otros?" Silencio. Él mira al piso. "Mírame. ¿Cómo te gustaría si alguien más grande que tú te tratara así?" "No me gustaría," contesta él. Luego yo repetía mi frase famosa: "Si no es divertido para todos, no es divertido para nadie. Hijo, ¿sabías que Hitler y sus hombres se estaban divirtiendo mientras otros sufrían? Ellos reían mientras niños y niñas gritaban de dolor. ¿Quieres llegar a ser como Hitler?" Completamente quebrantado contesta: "No Papá, no quiero llegar a ser como Hitler. No era mi intención hacerla sufrir. Hermana, lo siento." ¡Qué excelente entrenamiento! El hermano y la hermana terminarán unidos y comprensivos uno del otro. La hermana perdona porque ha visto el arrepentimiento de él y lo compadece por la tristeza que siente. Ella se siente atraída a él. Él será más protector de ella. Ambos han sido restaurados.

Tu represión conducirá al arrepentimiento únicamente si el muchacho percibe que tú eres genuino. Si él detecta en ti una ausencia de la benevolencia que enseñas, no se arrepentirá. Sólo se volverá duro y amargado.

Si él ha asumido ofensa por la manera que tú le hablas a Mamá, no expresará arrepentimiento mientras tú no expreses lo mismo. Si el muchacho no manifiesta arrepentimiento después de que es claro que entiende el asunto, sería apropiado varearlo, luego seguir reprendiendo y razonando con él. Si persiste en no arrepentirse para perdonar y amar a su hermana, entonces será obvio que tiene un problema más profundo, arraigado, uno que requerirá que se restauren relaciones.

CAPÍTULO 17

Latigazos Religiosos

ENEMIGOS DE DIOS

Me he sentido alarmado al ver que los padres usan a Dios para intimidar a sus hijos y conseguir que les obedezcan. Un niño se ha portado mal y la madre advierte: "No debes hacer eso. Eso no le gusta a Dios." O, "Dios te va a castigar por eso." Otra: "Mamá no lo verá, pero Dios sí lo ve." ¡Qué entrenamiento más negativo y contraproducente! Si controlas a un niño amenazándolo con desaprobación divina, llegará a aborrecer a Dios y desechará la religión en cuanto tenga edad para actuar en forma independiente. Sucede con gran frecuencia. Nunca, repito, "NUNCA uses a Dios para intimidar o amenazar a tus hijos para que se sometan." Harás que el niño asocie a Dios con condenación y rechazo.

Cuando yo era adolescente estuve en un campamento de verano, donde varios muchachos empezaron a alborotarse una noche. Los directores enojados, los disciplinaron obligándolos a sentarse a leer la Biblia. Como a las 2 de la mañana, yo me levanté para *sentarme allá afuera (Dt. 23:13)"* y los vi allí sentados con la Biblia abierta en sus piernas, y caras malhumoradas. Siendo aún joven, pero amando la Escritura yo mismo, y sin saber nada de sicología, me entristecía por lo que yo sabía que sería el resultado de esta "disciplina." El personal estaba condicionando a estos jóvenes para que aborrecieran la Biblia. Con un ardiente resentimiento en sus corazones, cada vez que fijaban la mirada en sus páginas, estaban asociando la Biblia con un espíritu amargado. Tres o cuatro horas de esto podría crear una aversión por la Escritura que, con reforzamiento adicional, podría continuar por toda su vida.

Conozco a una madre que obliga a sus hijos a buscar versículos bíblicos como castigo. El ejercicio mismo podría ser un buen entrenamiento. El único problema es que se usa como una manera de manejar la rebeldía. La rebeldía se debe resolver con la vara y corrección.

BIENVENIDOS LOS BUENOS RECUERDOS

No usen su tiempo devocional como una junta de conciliación y arbitraje. El culto familiar nunca debe ser un momento para "poner a alguien en el banquillo de los acusados." A nadie le gusta que lo llamen a la oficina del Director. Cuando yo era estudiante, el director de la escuela era el que se encargaba de los varazos por ofensas graves. Ha pasado casi medio siglo y aún me siento incómodo al entrar a la dirección de una escuela pública. El director y yo tuvimos un par de enfrentamientos serios. Un día de estos voy a hacer una efigie de un director de escuela y luego le voy a decir que se incline y se coja los tobillos.

Por otra parte, cuando veo gises de colores, recuerdo a la profesora Johnson, mi maestra de dibujo, sentada posando sonriente para que la dibujáramos. Si me fuera posible yo regresaría allí para pasar horas con ella.

¿Qué recuerdos y asociaciones estás archivando en el subconsciente de tus hijos? Enseña la Biblia en tu hogar. Asígnales la tarea de buscar versículos sobre paciencia, amor, fidelidad, etc. pero no lo hagas como respuesta a los fracasos de ellos en alguna área. Si tuvieran alguna debilidad que requiere instrucción, espera hasta que haya desaparecido la presión y la condenación antes de asignarles una tarea que tiene que ver con su debilidad. Si hubiera sentimientos de culpabilidad, la lección sólo les hará sentir mayor condenación y aislamiento que la vara no puede absolver. Cuando la enseñanza acerca de Dios se imparte independiente de tu disciplina, ellos sentirán la libertad de establecer una asociación sin sentirse vigilados o calificados. De lo contrario terminarás por tener hijos que se están esforzando por trabajar para ganar la aprobación de Dios y la tuya. Permite que el Espíritu de Dios aplique las verdades a la conciencia del niño. El sentido del discernimiento está más desarrollado en el adulto. No propicies que desarrollen miedo de Dios antes de que tengan la madurez para ver todo en la perspectiva correcta.

CAPÍTULO 18

Imitaciones

LOS LOROS DE LOS PADRES CRISTIANOS

Una manera de adormecer la sensibilidad de sus hijos a Dios es hacer de ellos unos exhibicionistas religiosos. Los padres que le asignan gran valor a las manifestaciones externas de devoción frecuentemente caen en el síndrome del fariseísmo. No enseñen a sus hijos a ser hábiles para fingir. No los entrenen para que sean *"como los hipócritas; porque ellos aman el orar en pie en las sinagogas y en las esquinas de las calles, para ser vistos de los hombres; de cierto os digo que ya tienen su recompensa (Mateo 6:5)."*

El otro día invité a mi familia a salir a ver a nuestro perro realizar un truco nuevo. Yo le di la orden pero el perro estaba demasiado distraído por la presencia de ellos para hacerme caso. Yo había interrumpido el horario de ellos con la promesa de un truco, y el perro se portaba como si jamás me hubiera visto antes, mucho menos iba a entender lo que yo le decía. Me empecé a sentir apenado y lo empujé para que actuara. Estaba haciendo que yo me viera ridículo. "¿Qué derecho tiene de hacerme esto? ¡Y hacérmelo a mí! Mi familia hubiera tenido un concepto tan elevado de mí, y ahora he quedado mal. Perro tonto. Ha de ser tonto de nacimiento." Al sentir mi desaprobación, el perro empezó a alejarse de mí. Para contar con mi aprobación, debe hacerme quedar bien en público. Después de todo, ¿para qué sirve un perro si no es para exaltar a su amo?

Ha habido padres que me traen a su hijito, lo paran frente a mí y le dicen: "Di 'Gloria a Dios' para el Hermano Mike." Cuando ha terminado su actuación, todos sonríen y lo elogian. Los padres sonríen como si acabaran de escuchar el anuncio de que su perro había ganado el concurso anual de atrapar el plato volador. Cuando los niños resultan simpáticos por sus oraciones o sus imitaciones religiosas se les debe ignorar totalmente. De lo contrario estaremos fomentando la hipocresía. Jamás les des una *"forma de piedad."* Es un truco barato instruir a tus hijos para que aparenten aventajar a sus compañeros en devoción religiosa. Tú y tus hijos habrán recibido su recompensa aquí y ahora; y esa es toda la recompensa que se recibirá por esa clase de teatro. *"De cierto os digo que ya tienen su recompensa (Mateo 6:5)."*

Un padre bien intencionado tiene dos hijos que cantan bastante bien. En cada oportunidad que se le presenta, acapara al auditorio para que escuchen sus cantos. Esos himnos y coros, cantados por otros serían una bendición; pero cuando se cantan como exhibición para presumir, es una pena tener que soportarlo. Su canto es tan simpático. Mientras desfilan a sus asientos, su padre los elogia, sonriendo como yo hubiera sonreído si tan solo mi perro hubiera realizado su actuación para mí.

En una ocasión cuando los dos "loros" cantadores olvidaron la letra y se mostraron un poco indiferentes a la actuación, el público se puso un poco inquieto y el padre se puso nervioso. Se le estaba descosiendo su actuación. Les rogó y les animó hasta que pude ver en él los mismos sentimientos que yo tuve para con mi perro que se rehusaba a actuar. Ahora, el perro no se va a ver perjudicado por andarlo exhibiendo, pero estos niños ya están sufriendo. Las aspiraciones del padre para sí mismo y para sus hijos son superiores a su interés en su bienestar espiritual. O, posiblemente no tiene la sabiduría como para discernir la diferencia. Es fácil llegar a la ruina en este mundo controlado por Satanás.

CAPÍTULO 19

La Educación en el Hogar No Produce Necios

EL SISTEMA

Un juez de Nebraska dijo que el sistema de educación pública está preparando a los niños para incorporarse a la Nueva Orden Mundial. Luego agregó que los hijos de las familias cristianas que instruyen en el hogar no se podrían adaptar a ese sistema que tienen planeado.

Nunca contemplen por un momento enviar a sus hijos a una escuela cristiana particular, ni mucho menos a las fábricas públicas de autómatas. El punto no es si la enseñanza se basa completamente en educación cristiana o sobre principios seculares (aunque nosotros definitivamente preferiríamos la cristiana). Dios no hizo a los adolescentes para sentarse juntos en un aula todos los días mientras la vida real transcurre afuera, dejándolos atrás. El sistema del mundo cava una fosa y luego crea miles de industrias para rescatar las vidas trágicas de los que caen en ella. La educación en un aula es una fosa para los jóvenes. Los siquiátras, consejeros, trabajadoras sociales, planificación familiar, policías, manipuladores sociales, tribunal para menores, traficantes de drogas, instituciones correccionales, laboratorios farmacéuticos y médicos se paran alrededor de la fosa compitiendo por las divisas procedentes de los negocios generados por la Secretaría de Educación Pública.

Una advertencia: Existe un error fundamental que se manifiesta en el desaliento que experimentan muchas familias que educan en el hogar. El sistema de educación pública se basa en premisas falsas. En consecuencia, tanto su plan de estudios como su formato están errados. La educación en el hogar no se ha establecido para duplicar la escuela pública en un ambiente privado. Sin embargo, la mayoría de los que educan en el hogar intentan hacer precisamente eso. La presión que experimenta la familia que intenta rendir sólo para salvar su imagen pública y recibir la certificación oficial, es destructiva para el desarrollo emocional e intelectual del niño.

Hazte la pregunta: "Si no tuviera que rendirle cuentas a nadie y no me controlara la opinión pública, ¿qué desearía que aprendieran mis hijos en sus primeros años?" Considera que las disciplinas especializadas que se necesitan para el empleo profesional no tienen por fuerza que ser aprendidas ni en el aula ni en el hogar. Esas cosas se pueden aprender cuando el niño ya está maduro emocionalmente para integrarse al ambiente laboral.

Padres, ustedes se están agotando por tratar de sostener el paso de los jueces. Enseñen lo que hay en su corazón, no desde la perspectiva de John Dewey. <u>El niño necesita una madre que le enseñe, no una maestra que carece de la energía emocional para ser madre para ellos. Los jóvenes necesitan un padre que les enseñe a trabajar, no un padre tan ocupado trabajando que no puede enseñarles.</u>

La mejor escuela para los niños es una buena vida de hogar, no un hogar que sea todo escuela. Es una extraña perversión la que saca al niño de lo que es tan natural en la vida para hacer de él un estudiante profesional. No aceptes la premisa falsa de que la educación académica y de la conducta es el fundamento de la vida y de la sociedad. Ordena tu propia vida conforme a la perspectiva de Dios. Tus hijos son demasiado valiosos como para que te conformes al sistema.

Después de educar en el hogar durante más de dieciséis años, hemos visto el fruto de nuestra "filosofía" de la crianza de los hijos. Nuestra hija mayor acaba de terminar su primer año en la universidad con un promedio de 100%.

Si temes que tus hijos estén demasiado aislados del mundo y que necesitan lo que los socialistas llaman "socialización," conséguete una televisión y siéntalos frente a Hollywood durante unas dos horas diarias. Muy pronto serán copia fiel de la moralidad que produce la escuela pública, el salón de fiestas y la pandilla de la esquina. Alimenta a tus hijos al seno de Hollywood y jamás se alimentarán de la *"leche espiritual no adulterada."* Hollywood es un maestro mucho más eficaz de lo que podrías ser tú, y tiene una programación agresiva y atractiva.

Si quieres que tu hijo se integre a la Nueva Orden Mundial y haga fila para recibir sus condones, un aborto financiado por los contribuyentes, tratamiento de su enfermedad venérea, evaluación sicológica, y su señal en la frente, entonces sigue los lineamientos populares en educación, pasatiempos y disciplina. Pero si quieres un hijo o una hija de Dios, tendrás que hacer las cosas como Dios manda.

Yo tengo cuarenta y ocho años de edad (cincuenta y seis en el momento de esta edición en español). Mi hijo mayor tiene diecisiete años y el menor quince. (Ahora están entre diecisiete y veintiséis.) Siempre existe la posibilidad de que yo parta antes de que ellos tengan sus propios hijos. Cuando pienso en que pudieran casarse y criar hijos, hay tantas cosas que quisiera que no olvidaran. Así que, a manera de resumen, dirigiré una carta a mis dos hijos.

CAPÍTULO 20

Personal

CARTA A MIS HIJOS

Gabriel y Natán Pearl,

No puedo imaginar la clase de mundo que pueda traer el día de mañana, pero a menos que sea el Milenio del que habla la Biblia, será aún más hostil para la familia. Si el Señor tarda en venir lo suficiente como para que ustedes se casen y empiecen a criar hijos, su papá tiene unas cuantas palabras de consejo.

Primero, sepan que la mujer con la que se casen será para toda la vida madre de sus hijos. Todo lo que ella sea, por las experiencias pasadas acumuladas, estará presente en la madre de sus hijos. Ninguna decisión afectará el futuro de sus hijos más importantemente que la elección de su compañera para toda la vida. La relación entre un hombre y su esposa afecta más a los hijos que ningún otro factor. Una pareja pudiera expresar sus diferencias únicamente en privado, pero jamás podrán ocultarles a sus hijos los efectos. Recuerden, su familia no podrá ser mejor que lo que es la relación que tengan con su esposa—la madre de ellos.

No dejen de cultivar su relación con su esposa. Satisfagan las necesidades de ella. Háganla feliz. La condición mental de ella será el 50% del ejemplo de los hijos, y el 100% cuando ustedes estén ausentes. Si ustedes aman y cuidan a su esposa, los hijos la amarán y la cuidarán también. Si ustedes están dispuestos a servirle a ella, el ejemplo se reflejará en la experiencia de ellos.

Cuando busquen una esposa y madre para sus hijos, el primer requisito es que <u>ame al Señor</u> y sea discípula de Él. Ninguna otra cosa será capaz de sostenerla hasta el final. Necesitará saber orar. Una muchacha que ve a Cristo con ligereza hará lo mismo con su familia. Un hombre y su esposa son *"coherederos de la gracia de la vida (I Pedro 3:7)."* Se necesitan dos, en un yugo igual, para tirar la carreta familiar felizmente a su destino a través de los hostiles desiertos de esta vida.

El segundo elemento que hay que buscar en una futura esposa es <u>alegría</u>. Ahora, algunos pasarían por alto esta cualidad totalmente; pero no puedo recalcar demasiado el valor práctico de esta cualidad. La muchacha que es irritable y descontenta antes del matrimonio NO CAMBIARÁ repentinamente después. Todos pasamos por pruebas y adversidades. La muchacha feliz y alegre ha aprendido a manejarlas sin dejar de disfrutar la vida. No hay hombre que pueda hacer feliz a la mujer descontenta. La mujer que no encuentra el gozo que mana de una fuente interior, no la encontrará en las dificultades y pruebas del matrimonio y la maternidad.

El cortejo es un jardín en primavera—todo parece prometedor; pero el matrimonio es un jardín en agosto, cuando empieza a dejarse ver la calidad del suelo y de la semilla, el cuidado que se ha puesto para prevenir las plagas, el añublo y las malas hierbas. El fruto del vientre se puede arruinar antes de que germine. Elijan con cuidado y oración a su esposa y la madre de sus hijos. Una muchacha sentida que llora para manipularte será un grillete después del matrimonio. La alegría se deja ver mejor cuando las cosas no salen exactamente como ella quisiera."

La siguiente cualidad que hay que buscar es <u>gratitud</u>. Cuando una muchacha no es agradecida con su familia o sus circunstancias, un cambio de ambiente y relaciones no la va a volver agradecida. La gratitud no es una respuesta al ambiente en el que uno se encuentra, sino una expresión del corazón. Eviten a la muchacha de humor cambiadizo, malagradecida y descontenta. Si no está llena del gozo de vivir antes del matrimonio, seguramente no lo estará después. Una joven que tenía menos de un mes de casada le dijo a Deb: "Jamás he sido una persona sentida, a la que se le ofende fácilmente. Pero, desde que me casé, parece que cargo con un resentimiento constante. Supongo que es porque me importan las cosas más que antes." Deb le dijo: "No, no es que las cosas te importen más; sólo es que sientes que tienes más derechos y por eso esperas más." Lo que hay que recordar es que la personalidad y el temperamento no mejoran después del matrimonio. Cuando se elimina el freno social, la libertad que procede de una unión segura y permanente permite que uno exprese sus verdaderos sentimientos.

Hijos, tomen nota de la actitud de una muchacha hacia su padre. No importa qué clase de canalla pueda ser él, si ella es rebelde con él, será doblemente rebelde con ustedes. Si se expresa irrespetuosamente de su padre o con él, lo mismo hará con ustedes.

Otra cosa que hay que buscar es que sea una <u>trabajadora diligente y creativa</u>. No se casen con una muchacha floja y perezosa. La belleza envejece muy rápidamente cuando está guardada en la cama, enmarcada en el desarreglo y las quejumbres. Eviten a toda costa a la muchacha perezosa. Si espera que la atiendan, que se case con un mesero. Suficiente trabajo tendrán criando hijos sin tener que criar también a la esposa.

Jamás se casen con una muchacha que no esté convencida de que está consiguiendo al mejor marido del mundo cuando te consiga a ti. La muchacha que se embarca en el matrimonio pensando que le podía haber ido mejor, jamás estará satisfecha por estarse preguntando cómo hubieran sido las cosas si. . . .

Eviten a la muchacha que está enamorada de su propia hermosura. Mejor sería casarse con una muchacha de apariencia sencilla que se contente con amar y ser amada que con una que se va a pasar la vida tratando de preservar su belleza. La vida es demasiado grande y abundante como para desperdiciarla esperando a una mujer desilusionada que está mirando el espejo y lamentándose.

Eviten como si fuera una plaga a la muchacha que persigue su propia carrera fuera del hogar. La esposa debe ser "ayuda idónea" para ustedes.

El último requisito es amor por los niños. La muchacha que no quiere tener en su vida el estorbo de los niños, está sufriendo de un profundo dolor y va por el camino a la infelicidad. Algún día, si el Señor lo permite, tendrán sus propios hijos.

Ahora quiero hablarles de lo que significa ser un buen padre. Mientras todavía están jóvenes y solteros, sin hijos, hagan lo que hacen todas las criaturas del Señor: preparar el nido para cuando lleguen. NO ACEPTEN UNA ACTIVIDAD VOCACIONAL QUE LES IMPIDA SER UN BUEN PADRE. Escojan su oficio de tal manera que aporte al máximo al desempeño de su papel como padres. El padre que se deja absorber por el éxito en los negocios será un pésimo padre. Si ganaran todo el mundo y perdieran el alma de su hijo, ¿de qué les aprovecha? Algunos adictos al trabajo dicen que lo están haciendo por sus hijos—para proporcionar seguridad, una buena educación, etc. ¿A qué se debe que los hijos de padres que trabajan duro y siempre están ausentes nunca aprecian ese sacrificio, y hasta muestran desprecio por el éxito de su padre? La razón es que a los hijos no se les engaña. Ellos entienden que la ausencia de su padre se debe a una falta de interés. Ellos consideran que su profesión tiene una motivación egoísta. Perciben que su padre deriva más satisfacción de su empleo que de la presencia de ellos. Sea cierto esto o no, el resultado es el mismo. El éxito profesional siempre pasa. Tus hijos serán eternos. La educación que necesitará tu hijo no se puede comprar en la universidad. Se adquiere por las largas horas que el padre invierte haciendo cosas con sus hijos.

El concepto de "tiempo de calidad" en oposición a la "cantidad" es un sedante para las conciencias de padres modernos absortos en sus intereses mundanos. Una hora programada de atención de tipo "clínico" convierte tu "tiempo de calidad" en poco menos que una cita de negocios—una sesión de terapia. Es irreal y pretencioso. La atención hipócrita a asuntos sin trascendencia abarata el compañerismo. El mejor tiempo que podrían pasar juntos es aquel que se invierte en las luchas reales para lograr metas en común. El niño desarrollará autoestima, no por ser el centro de la atención en conversaciones vacías, sino por la conquista de una necesidad en el mundo real—poner un buzón de correo, un tendedero, podar el pasto, partir leña, lavar ventanas, construir una casa para el perro, acompañar a papá a su trabajo para ser un ayudante de verdad.

¿Recuerdan cuando Don Madill venía a trabajar en nuestra carpintería acompañado por su hijito de dos o tres años que limpiaba el aserrín o martillaba un clavo? En esa relación padre–hijo no había pretensión ni prisa. Actualmente sus hijos son todos unos hombrecitos, seguros respecto a su papel en la vida.

En cuanto nazca su primer hijo, inicien su papel como padres. Releven a su cansada esposa por un par de horas, tomando al bebé y atendiendo a todas sus necesidades. Cuando estén leyendo o descansando, acuesten al bebé en su regazo. Cuando ustedes tenían apenas unos cuantos días de nacidos, yo los recostaba en mi pecho para que pasaran una noche inquieta. Llegué a acostumbrarme de tal manera que podía dormir profundamente con uno de ustedes en mi pecho. Su madre exhausta necesitaba un pequeño descanso.

Cuando yo era recién casado, esperaba que mi esposa fuera una super mujer. Pronto comprendí que si iba a soportar varios partos más y con buen ánimo, iba a necesitar mucho apoyo. Traten a su esposa como a una delicada flor y ella tendrá energías para ser una madre más dadivosa.

Estoy consciente de que ustedes, hijos, no necesitan dormir mucho. Sin embargo, si cada dos o tres años fueran sujetados a una cirugía mayor, se les extrajera un tumor de 12 kilos, y le tuvieran que prestar su cuerpo a un lechero, también requerirían más descanso. Permitan que su esposa duerma un poco más que ustedes, y ella será mucho más eficiente.

A pesar de que yo pasé mucho tiempo con ustedes cuando eran pequeños, siempre le dije a su mamá: "Son tuyos hasta que puedan seguirme afuera, luego serán míos." Lleven a sus pequeños con ustedes a muchas aventuras. Exploren y descubran nuevamente todo el mundo con cada uno. Yo los llevaba a la cacería de conejos en un "canguro." Mis perros cazadores estaban tan condicionados que cada vez que veían el canguro creían que íbamos de cacería. Creo que le dio gusto a Rebekah cuando llegó Gabriel y la desplazó del canguro.

Denles muchas cosas para que sus hijos ejerciten su creatividad: cajas de cartón, dados de madera, aserrín, arena, palos, martillos y clavos. Eviten los juguetes comprados en la tienda porque éstos apagan la creatividad de los niños, limitando su imaginación.

Un principio importante que hay que recordar es que mientras más tiempo inviertan haciendo cosas juntos, menos problemas de disciplina tendrán. El hijo que adora a su padre deseará agradarle en todo lo que haga. Un hijo no se puede rebelar contra su mejor amigo. Cuando tengan edad para ver las imágenes en un libro, pasen tiempo dándole vueltas a las páginas con ellos. Cuando tengan edad para entender, empiecen a leerles o contarles historias bíblicas. En el transcurso del día, en forma natural, platíquenles acerca de nuestro Padre celestial. Examinen juntos la naturaleza como una creación sabia de un Dios magnificente.

No aplacen el momento para actuar como padres. Cada día que ellos crezcan sin ustedes serán como una mata de tomate que crece sin guía. Se extiende sin rumbo. Salen las hierbas donde no se pueden sacar. Los tomates se darán sobre el suelo donde se pudrirán.

El padre que está "presente," siempre involucrado en la vida de su hijo, conocerá su pulso. Si elogian y premian la conducta deseada, habrá muy poca conducta indeseable. Estarán pronunciando cincuenta palabras de aliento por cada represión.

Pero, no sean víctimas del sustituto sicológico moderno: descuidar al niño y luego entrar corriendo a decirle algo positivo. Es artificial y es lisonja. Los comentarios positivos que no son merecidos por esfuerzos legítimos, son destructivos. El niño debe saber que se ha ganado cada elogio que reciba. Los elogios que no se basan en esfuerzos meritorios son tan injustos como el castigo administrado sin provocación. Enseñará una mentira en el sentido de que invierte la realidad. No existe ningún sustituto para una presencia real y auténtica. Si tu hijo no está haciendo nada digno de elogio, tómalo de la mano y permite que camine contigo hasta que sí haga algo digno. Los niños abandanados se convierten en niños rechazados. El niño necesita a su padre como una planta necesita la luz para crecer sano. No basta la luz del relámpago o el destello. Se requiere la iluminación estable y permanente de la presencia del padre.

Por ningún motivo dejen la enseñanza espiritual únicamente en manos de la madre (por muy bien que lo pueda hacer), porque los niños crecerán pensando que la religión es cosa de mujeres. Ustedes acuesten a los hijos en la noche y lean y oren con ellos.

A medida que vayan creciendo sus muchachos, aseguren que no estén demasiado encerrados con los estudios. Para cuando cumplan doce o trece años deben haber terminado con su escuela estructurada y deben estar involucrados en un oficio con ustedes. Sigan exponiéndolos a conceptos e ideas; pero sobre todo, provean problemas de la vida real que ellos deban resolver—reparación de bicicletas, motor pequeño o aparato doméstico. Toda clase de construcción y mantenimiento constituye entrenamiento esencial.

El concepto que pretenden comunicar es el de independencia y confianza. El joven que sabe hacerlo, repararlo, construirlo, intentará cosas nuevas con la confianza de lograrlas. La confianza en el trabajo se traducirá en éxito en la educación.

Recuerden al joven mennonita de 27 años, con su primer auto, que partía para ir a la universidad en una ciudad distante, dejando todo lo que le era familiar, enfrentando retos que nunca antes había contemplado. Yo tenía mis dudas respecto a su capacidad para triunfar en ese nuevo ambiente. No contaba con ninguna de las destrezas necesarias. Su nivel educativo era equivalente al de un niño de sexto grado.

Cuando intenté advertirle respecto a las dificultades que le esperaban, dijo: "Siempre he logrado todo lo que he intentado, podré hacer esto también." No resultó fácil para él, pero obtuvo un promedio de 90% en le primer semestre. Fuera en las cosas manuales o en las cosas intelectuales, había aprendido a triunfar.

Si le imponen a un niño pequeño una carga de estudio tal que lo haga sentirse incapaz, le estarán inculcando el principio del fracaso. Primero enseñen a sus hijos a trabajar con las manos, y la educación de su mente se producirá con mayor facilidad. No dejen a sus hijos varones en casa con mamá y las niñas en clase. Ellos deben andar afuera con los hombres.

Hijos, ayuden a sus esposas a entender entrenamiento y disciplina. No den por hecho que ellas automáticamente están preparadas para ser madres. Algunas madres no tienen el valor necesario para disciplinar. Les dirán a los niños: "Ya verás cuando llegue tu papá. Él te va a pegar." Cuando ustedes entren a la casa, desearán que los hijos vengan a subirse a sus piernas y jalarles los brazos, y no que se escondan en un rincón. Tres horas de estar temiendo la llegada de Papá es una programación devastadora. Hagan que su esposa aplique su propia disciplina.

Verifiquen su propio equilibrio, preguntándose: "¿Mis hijos me ven como un severo disciplinador o como un alegre y maravilloso compañero y guía?" <u>Sus juicios y castigos deben perderse entre muchas horas de alegre compañerismo.</u>

Por último, a medida que sus hijos crezcan, permitan que ellos sientan parte de las luchas de la vida. No ostenten tanto "éxito" como para proveerles todo lo que puedan necesitar o desear. Si descubren que todo se está dando con demasiada facilidad, regálenlo todo y comiencen de nuevo bajo circunstancias más difíciles.

La vida sin luchas no provee la satisfacción de tener triunfos. Si pierden sus zapatos, permitan que se queden descalzos hasta que ganen dinero para comprar otros. Aseguren que no cuenten con toda clase de manjares exquisitos para comer. Permite que aprendan a contentarse con privaciones.

No permitan que entren a la casa los alimentos chatarra ni el azúcar. Si nunca los prueban, no los desearán. Si comer entre las horas de alimento impide que coman verdadera comida (carne, papas, verduras, ensaladas, etc.), entonces no les permitan comer sino en las horas de comida.

Existen algunos sabores o texturas por las que sentimos rechazo. Permitan que cada niño tenga una o dos aversiones; pero aseguren que sus preferencias no sean demasiado limitadas. Si a un niño no le gusta lo que hay en la mesa, dejen que se quede sin comer hasta la siguiente comida. Un poco de ayuno es buen entrenamiento. Si tuvieran un niño que es especialmente mañoso y come muy poco, entonces denle principalmente lo que no le gusta hasta que aprenda a disfrutarlo.

Olvídense de comprarles juguetes. Algunos juguetes funcionales son deseables, como un camión metálico para los niños o un triciclo o bicicleta para los mayores. Es benéfico para las niñas jugar con loza de juguete y muñecas bebés (que se parezcan a bebés de verdad). Solamente no cultiven sus inclinaciones ambiciosas enseñándoles a esperar que les concedan todos sus gustos.

Nunca cedan a la presión de las modas. El cristiano debe tener la dignidad suficiente como para no dejarse llevar por los publicistas de Madison Avenue. Su calzado, ropa y cereales deben ser seleccionados por su utilidad, no por el estilo.

Hollywood no es para los hijos de Dios. No permitan que entre en sus hogares la propaganda subversiva, insensata tipo Plaza Sésamo. La mentalidad de sus hijos debe ser moldeada por la Palabra de Dios y el ejemplo cristiano, no por los pervertidos sexuales y socialistas. Si quieren destruir a su familia, consíganse una buena televisión y videocasetera para que les hagan compañía a sus hijos.

La familia cristiana es una madre y un padre con sus hijos, todos viviendo, riendo, amando, trabajando, jugando, luchando y logrando cosas juntos para la gloria de Dios.

Necesitan tener una visión más grande que lo temporal y terrenal. No están preparando a sus hijos para el tiempo, sino para la eternidad. Adán engendró un hijo a su semejanza. Ustedes engendrarán hijos e hijas a semejanza de ustedes. Toda empresa terrenal debe contemplar la eternidad. Así como sus hijos llevarán la imagen de sus padres terrenales, deben llegar a llevar la imagen del Padre Celestial. Nacidos a imagen de ustedes, deben renacer a imagen de Cristo. Ser conformados a la imagen del Hijo de Dios es nuestra expectativa y esperanza. Es una aspiración colosal, pero tenemos los recursos del cielo a nuestra disposición.

La sabiduría se da a quien la pide. Amar es el único mandamiento; el ego nuestro más grande enemigo; la Biblia nuestro único recurso educativo; el Espíritu Santo nuestro consolador; la sangre de Cristo nuestra única esperanza. Corramos con paciencia la carrera que tenemos por delante, *"sabiendo que vuestro trabajo en el Señor no es en vano (I Corintios 15:58)."*

CARTA DE MAMÁ A LAS MUCHACHAS (por Debi Pearl)
Rebekah, Shalom y Shoshanna Pearl,

La vida está llena de decisiones. Hay decisiones que tomarán mientras aún son jóvenes que ayudarán a moldear su propia vida así como la de sus hijos. Nuestra meta ha sido ayudarles a ustedes a prepararse para tomar decisiones sabias.

Dios dijo de Abraham: *"Porque yo sé que mandará a sus hijos y a su casa después de sí, que guarden el camino de Jehová, haciendo justicia y juicio, para que haga venir Jehová sobre Abraham lo que ha hablado acerca de él (Génesis 18:19)."* Los predicadores frecuentemente se han preguntado por qué Dios escogió a Abraham para que fuera padre de la nación hebrea. Dios sabía que Abraham *"mandaría a sus hijos"* (les enseñaría a andar rectamente).

Cuando llegue el momento para que consideren el matrimonio, háganse esta pregunta: ¿Puede confiársele a este joven la herencia de Dios? Él no sólo afectará la vida de ustedes, sino de sus hijos y sus nietos. La enseñanza de Abraham era tan efectiva que su hijo Isaac estuvo dispuesto a confiar en su padre y someterse al cuchicho degollador. Nuevamente, Isaac confió en el criterio de su padre cuando Abraham envió a un siervo a sus parientes para escoger esposa para Isaac. Abraham sabía que se requería una mujer escogida para que un hombre escogido perpetuara su linaje.

No olviden que deben ser "ayuda idónea" para su marido. Apoyen a su marido con oración, aliento y confianza. Hónrelo, bendíganlo y sírvanle como al Señor. Él prosperará delante de Dios en esta clase de ambiente. A medida que crezca él, crecerán sus hijos y su copa estará tan llena que rebosará para bendecir a otros.

Cuando estén molestas con ellos por alguna irritación insignificante, recuerden que están interrumpiendo la comunicación en oración. No permitan que los resentimientos envenenen y enfermen la relación. Sean alegres, agradecidas y prestas para perdonar. Sus hijos las observarán. Si manifiestan indiferencia, desaprobación, enojo, irritación o deshonra con su marido, abrirán la puerta para que los hijos hagan lo mismo, no únicamente con su padre, sino en mayor medida, con ustedes. En Proverbios se hace referencia a esto mismo: *"La mujer sabia edifica su casa; mas la necia con sus manos la derriba (Proverbios 14:1)."*

Inicien el entrenamiento de sus hijos desde temprano; no esperen hasta que se presenten los problemas. El bebé de un año que vacila para obedecer está desarrollando un hábito que acarreará pesar a medida que crezca. Lo que es tu hijo a los dos años lo será a los doce, sólo que multiplicado muchas veces. *"Aún el muchacho es conocido por sus hechos, si su conducta fuere limpia y recta (Proverbios 20:11)."* No esperen que sus hijos repentinamente se transformen en adultos temerosos de Dios. El adulto expresa durante toda su vida lo que fueron sus años formativos. El adulto no es más que un niño viejo.

No permitan que los afanes de la familia, la iglesia y el mundo les robe el tiempo necesario para mantener un matrimonio santo. El tiempo invertido en ser una buena esposa es la raíz profunda que nutre toda la planta. Tengan un santuario donde no se permita la entrada a ningún niño. En ocasiones ser buena madre significa enseñarles a los niños que, "Este es NUESTRO tiempo, y más vale que ustedes encuentren en qué ocuparse en otro lugar."

CONCEPTOS FINALES POR DEBI PEARL

Todo lo que ustedes han leído es lo que nosotros hemos puesto en práctica en la crianza de nuestros hijos. Es posible criar hijos felices, obedientes, con dominio propio, y hasta temerosos de Dios, que con todo, están perdidos y arruinados delante de Dios. Conocer a Dios no consiste únicamente en conocer técnicas y principios. Es indispensable respirar esa vida que sólo el Espíritu Santo puede dar. No permitan que su vida se vea enredada en invertir en una causa justa, ni siquiera en la de criar una familia grande. Inviertan su vida en conocer y servir al Salvador, procurando que toda vida con la que lleguen a tener contacto llegue a conocer el perdón por la sangre derramada de Jesucristo.

Hemos sido llamados a ser soldados en el ejército del Dios viviente. Es emocionante criar nuevos reclutas jóvenes. Los niños que ven a Dios en acción, salvando almas y cambiando vidas, están viendo algo real, algo eterno.

Cuando una de nuestras hijas regresó de un viaje misionero a Centro América, le pregunté por los hijos de los misioneros. Su respuesta me sorprendió. "Los hijos de los misioneros tienen la visión de ser los que alcancen a la siguiente tribu. Están conscientes de que los de esa tribu están muriendo perdidos y que no hay nadie que vaya a menos que sean ellos. Se pasan su juventud preparándose y haciendo planes para alcanzar esa tribu. Ellos saben a lo que se quieren dedicar cuando sean grandes. Quieren ser los que aprendan su idioma para contarles la historia de Cristo. Crecen con un propósito, el propósito de que aquellos que nunca han oído, oigan."

CAPÍTULO 21

Conclusión

por Michael Pearl

Muchos padres me han mirado con expresión desalentada y dicen: "He esperado demasiado. Mis hijos son demasiado grandes para entrenarlos." Es cierto que entre más grandes sean los hijos, más difícil será moldearlos. No obstante, ningún ser humano llega a ser tan viejo que sus actos no puedan ser condicionados, como lo demuestran los programas de entrenamiento militar. Pero sólo en un ambiente controlado, donde la amenaza de fuerza es real, será posible corregir al rebelde. Cuando un hijo llega a la edad en que puede contemplar seriamente salir de la casa, la disciplina por fuerza pierde su eficacia. Quizá no puedas recuperar todo con un hijo de catorce años, pero sí puedes llegar a ver tanta mejoría que parecerá un milagro. El de diez años aún es bastante moldeable. Entre más temprano inicies, mejor, pero mientras vivan, nunca será tarde.

Es probable que uno de los padres lea este libro y modifique radicalmente el entrenamiento y la disciplina, mientras el otro se sienta satisfecho de que las cosas sigan como estaban. Mamá, si tú decides que vas a dejar de darles "oportunidades" a los niños, mientras tu marido sigue jugando el juego de las amenazas, te verás tentada a albergar sentimientos de crítica. Esa será una manifestación de tu orgullo. Tu amargura contra tu marido y la división que ocasionará, complicarán más la situación. El orgullo de tu marido hará que él se resista aun más, por temor a ser discípulo de su esposa crítica y de algún autor desconocido.

Madre, haz que tu marido sienta envidia. Mientras él está fuera, sé tan constante y esmerada como para conseguir obediencia perfecta e inmediata de tus hijos. No pelees con tu marido. No exijas que te apoye. Entrénalos cuando él esté fuera. Pégales cuando él está fuera. Ellos aprenderán que, por descuidado que sea Papá, Mamá es la "misma ley de Dios." Una vez que has conseguido el control, y veas que a él no le obedecen, en el momento apropiado, en presencia de él, ordena calmadamente a los niños, y ellos correrán a obedecer. Después de ver eso durante varios días, él preguntará: "¿Cómo le haces? A mí no me obedecen así." Sonríe humildemente mientras le muestras la vara y di: "*La vara y la corrección dan sabiduría (Proverbios 29:15).*" Luego, modestamente da media vuelta y retírate. Él se pondrá celoso.

Si no eres crítica (y únicamente si no eres crítica) él deseará saber más acerca de tu secreto. El cambio en tu actitud hacia los niños (sin enojo, sin discusiones, control calmado) cautivará su atención. Sin embargo, si el único cambio que ve es que les estás pegando a los hijos con más frecuencia, y en igual proporción estás enojada con él, pensará que se trata de un desequilibrio hormonal que con el tiempo pasará.

FINALMENTE

Al revisar el manuscrito, parece que he dado muchos consejos negativos—lo que no hay que hacer y lo que está mal. Si únicamente estuviera dando instrucciones para el cultivo de un jardín, todo podría ser bastante positivo. Pero cuando un cirujano está dando instrucciones a sus alumnos respecto a la cirugía cardiaca, habrá muchos negativos. Un procedimiento tan invasor requiere limitaciones cautelosas y estrechas, con las necesarias advertencias. Lo que se realiza exitosamente todos los días puede terminar en una tragedia si se es negligente. La crianza de hijos es un procedimiento invasor. Invades el alma de un ser humano en desarrollo, un alma que vivirá eternamente. No es un procedimiento sin consecuencias. Todo el cielo aguarda en la antesala, esperando ver el desenlace.

Si después de leer esto te sientes frustrado y desalentado, no intentes implementar estas técnicas. Esto no es algo que se pueda INTENTAR o aplicar poco a poco. Se requiere discernimiento y confianza para perseverar. Si todo esto es nuevo para ti y tienes dudas, no podrás superar las pruebas. Debes volverlo a leer y luego leer nuestros libros, *No Hay Mayor Gozo,* Tomo I y Tomo II.

Por otra parte, si he expresado cosas que siempre has sabido pero no has podido expresar, y tienes estos conceptos en tu corazón, y estás totalmente convencido de la razón de lo que hemos dicho, entonces, por la gracia de Dios, verás los resultados.

Permítanme concluir con las palabras de un niño de cuatro años. Una familia que había estado aplicando estas verdades durante sólo una semana, estaba platicando con nosotros en el jardín. Cuando estaban a punto de retirarse, el padre llamó a su nuevo perro. El perro alborotado jugaba con el hombre, acercándose casi hasta donde lo pudiera alcanzar y luego volviendo a correr. El padre se puso molesto y empezó a insultar la inteligencia del perro. Abogando en defensa del perro, el hijo de cuatro años dijo: "Pero Papá, ¡aún no lo has entrenado!"

Creada para ser su ayuda idónea
(Created To Be His Help Meet)
- ¡Más de 300,000 ejemplares en circulación! -

En alguna parte, con el paso de los años y la cultura cambiante, la mujer ha perdido su camino. Este libro has ido escrito para guiarla de nuevo a casa. Como quiera que hayas iniciado tu matrimonio, por oscuro y solitario que haya sido el camino que te ha conducido hasta donde estás ahora, quiero que sepas que es posible hoy mismo, tener un matrimonio tan bueno y pleno que no se pueda explicar mas que como un milagro.

¡Es asombroso lo que Dios está haciendo por medio de este libro! Constantemente recibimos testimonios de mujeres cuyos matrimonios han sido renovados o restaurados como resultado de la lectura de este libro. Libro de 295 páginas.

El bien y el mal
(Good and Evil)

Dios escogió introducirse a Sí mismo a la humanidad, no por medio de principios, conceptos o doctrinas, sino por medio de historias de profecía, guerra, misericordia, juicio, milagros, muerte, vida y perdón. Este es el plan redentor de Dios narrado cronológicamente desde Génesis hasta Apocalipsis. *El bien y el mal* ha encontrado gran aceptación entre misioneros. Está siendo utilizado en escuelas, en el hogar, en el devocional familiar… y como herramienta evangelística. Será un magníficoregalo que todos disfrutarán. Escrito por Michael Pearl y con un espectacular trabajo gráfico por el ex-dibujante de tiras cómicas Marvel, el artista Danny Bulanadi. Más de 300 páginas ilustradas en formato de revista de tiras cómicas donde se presentan las historias de la Biblia en orden cronológico. Magnífico para cualquier niño, adolescente o como material para escuela dominical. Disponible en español y en inglés. Libro de 330 páginas.

Abandonando el barco
(Jumping Ship)

Está surgiendo una tendencia perturbadora entre algunas familias cuyos hijos están descontentos y rebeldes y abandonan el barco antes de tiempo. Michael Pearl abordó este tema en una serie de artículos en el 2006 y ahora los ha recopilado en un libro y ha agregado nuevo material y capítulos suplementarios que cubren problemas adicionales. Libro de 107 páginas.

Creado para necesitar una ayuda idónea
(Created to NEED a Help Meet)
Guia de matrimonio para varones

"¿Actúa como un hombre?"

"No es bueno que el hombre esté solo" (Génesis 2:18)

En los últimos años se les ha dado a los hombres muchos mensajes contra-dictorios sobre lo que significa ser hombre, esposo o padre. Los hombres odian los mensajes mixtos. "Simplemente díganos cómo es (o cómo debería ser) sin toda la verborrea extra". Eso es exactamente lo que hace Mike Pearl al eliminar los mensajes conflictivos y llegar al meollo del asunto. Como siempre, la presentación de Mike es directa, sin restricciones y sin temor a herir tus sentimientos. Con sus más de 50 años de estudio bíblico, Mike presenta la perspectiva de Dios sobre el tema y sus más de 40 años de matrimonio dan testimonio de su eficacia. Su esposa Debi Pearl contribuye al agregar gracia al estilo directo de redacción de Mike. Libro de 280 páginas

Preparandote para ser una ayuda idónea
(Preparing to Be a Help Meet)

Te pasaste el tiempo languideciendo por tu único y verdadero amor y de pronto… estás casada y te das cuenta que es muy diferente a lo que esperabas. Ahora es el momento de prepararte para ser una esposa - para ser una ayuda idónea. Dios quiere que llegues a ser una ayuda idónea adorable, pero para ser una buena ayuda se requiere esfuerzo… mucho esfuerzo. Libro de 296 páginas

La ayuda idónea detrás de la escena
(The Hidden Help Meet)
Apoya a tu marido

De una manera brillantemente conmovedora, *La ayuda idónea detrás de la escena* relata las experiencias de las mujeres que cambiaron el curso de la historia al apoyar a sus maridos. Libro de 144 páginas.

Samuel aprende a gritar y a contar
(Samuel Learns To Yell & Tell)

Sara Su aprende a gritar y a contar
(Sara Sue Learns To Yell & Tell)

El predador de niños pierde su poder cuando pierde su cubierta. Este libro fue escrito con el propósito de enseñar a los niños y a los padres lo crítico de este asunto. Si todos los niños hubieran sabido que los habrían escuchado y protegido si hubieran gritado y contado, eso hubiera detenido a la mayoría de los predadores de andar cazando niños. Sus hijos necesitan saber que
ellos pueden acercarse a usted en cualquier momento y en cualquier lugar.

También deben saber que ustedes están listos para escuchar y actuar con el fin de protegerlos. Ellos no van a comprender todo esto por instinto natural. Como padres, es su responsabilidad comunicar este mensaje con efectividad. Libro de 40 páginas

Sexo santo

(Holy Sex)

Dios creó a sus hijos como opuestos sexuales y diseñó el matrimonio dentro de un contexto de placer erótico. Mientras la iglesia en su mayor parte ha guardado silencio con respecto al sexo, el mundo y el diablo han tratado de hacerlo su dominio. La iglesia justamente ha proclamado las prohibiciones bíblicas respecto al mal uso del sexo, pero ha fallado en declarar la santidad del placer erótico en el contexto del matrimonio. De los 66 libros que componen la Biblia, un libro entero está dedicado a promover el placer erótico: El Cantar de Cantares de Salomón. Michael Pearl lleva a sus lectores a través de una refrescante jornada de textos bíblicos. Esta perspectiva santificadora de la pasión más poderosa que Dios creó liberará al lector de culpas e inhibiciones falsas. Michael Pearl dice: "Es tiempo de que las parejas cristianas retomen esta tierra santa y disfruten del don santo y divino del placer sexual." Libro de 85 páginas

La pornografía: camino el infierno

(Pornography: Road to Hell)

Mientras la mayoría de los ministros evitan este tema, Michael Pearl enfrenta cara a cara la plaga mortal de la pornografía. Muestra cómo el arrepentimiento ante Dios y el poder del Evangelio de Jesucristo pueden romper las ataduras de la esclavitud a esta perversión malvada por medio de la abundante misericordia y la gracia de un Dios amoroso. Hay esperanza para el hombre atrapado en la pornografía y también hay esperanza para la esposa frustrada e indefensa quien encuentra difícil honrar a un hombre así. Folleto de 13 páginas

Sólo hombres

(Only Men)

Para hombres solamente.

¡Este gran sermón para hombres se encuentra ahora disponible en español! Michael Pearl habla directa y francamente a los hombres acerca de sus responsabilidades como maridos. Las esposas no deben escuchar este CD. No queremos que se aprovechen de él. 1 CD de Audio

No tengo yo mayor gozo que este, el
oír que mis hijos andan en la verdad.

3 Juan 4